贝克知识丛书

DER ERSTE WELTKRIEG

第一次世界大战

Volker Berghahn
[德]弗尔克·贝克汉恩 著
华少庠 译

上海三联书店

经过多次更新、补充后，呈现给读者的这本第五次再版的书简单明了、鲜明生动地阐述了第一次世界大战的历史。作者弗尔克·贝克汉恩在书中不仅诠释了这场战争的军事历史和政治历史，还解释了在这场战争期间，前线和后方社会以及日常生活的历史。在新版本的序言中，作者论述了有关问题最新的研究成果。在解释了这场战争的起因和1914年7月的危机后，本书通过当时政治、军事和经济界精英阶层的视角分析了这场战争。作者又在随后的章节中，通过下层社会的视角描述了千千万万前线士兵以及留守在后方的妇女、儿童们的战争经历。作者最后阐释了1917年沙俄帝国的崩溃以及一年后中欧两大君主制政体的坍塌，从而结束了全书的内容。

弗尔克·贝克汉恩出生于1938年，在纽约哥伦比亚大学教授当代德国历史和大西洋彼岸国家历史课程。19世纪和20世纪德国以及欧洲历史是其研究重点。弗尔克·贝克汉恩著述有：《钢盔团》（1966）、《梯皮茨计划》（1971）、《德意志帝国》（1994）和《美国与欧洲的冷战智慧》（2001）等。

目 录

序言 战争的起因和1914年战争的爆发：
　　对当今有关争论的审视…………… 1

第一章　第一次世界大战及其代价………… 1
　1.第一次世界大战和20世纪 ……………1
　2.损失清单 ………4
　3.第一次世界大战和历史学 …………… 16

第二章　第一次世界大战的爆发………… 21
　1."一战"的深层次原因 ……………… 21
　2.决策者们应承担的责任 …………… 26
　3.1914年7月危机的糟糕管制和错误判断…… 33

第三章 "上层社会"的第一次世界大战：战略、外交和目的 …… 40
1. 将军们 …… 41
2. 中立和结盟政策 …… 49
3. 经济界精英、战争目标和国内政治 …… 55

第四章 "社会下层"的第一次世界大战：前线和后方 …… 71
1. 普通民众与战争的爆发 …… 71
2. 前线战争的全面化 …… 75
3. 战争在后方的全面化 …… 84

第五章 战败者与"战胜者" …… 98
1. 俄国的革命 …… 98
2. 中欧的革命 …… 110
3. 缔结和平 …… 123

参考文献 …… 129

序言

战争的起因和1914年战争的爆发：
对当今有关争论的审视

史学界早已把第一次世界大战定性为20世纪各种灾难的"元凶"。从1918年后数十年，到1989年至1990年两年间东欧集团的分崩离析，这一"元凶"对20世纪的历史进程产生了决定性的影响，甚至到了我们生活的当今时代，这一影响仍然清晰可见。[1]当我们用一个非历史事实的思辨游戏来寻求下列问题的答案时，第一次世界大战在现代历史进程中的决定性影响便一目了然地呈现在我们的眼前：如果1914年8月列强

---

[1] 武尔夫冈·蒙森，《德国灾难的元凶：第一次世界大战(1914—1918)》，斯图加特，2002年。

们没有坠入导致两千万人丧生的全面战争的深渊，我们的时代会是今天这样吗？1917年俄罗斯会爆发两次革命吗？中欧、东欧和奥斯曼帝国的君主政体会土崩瓦解吗？法西斯主义会产生吗？斯大林主义会产生吗？人类会经历第二次世界大战吗？会发生对犹太人的大屠杀吗？会有冷战出现吗？吞噬无数生命的解放战争可以终结殖民主义吗？以此类推，肇始于1918年的问题之链可以不断地延长下去。

与此相联系，在第一次世界大战爆发百年之际，大量的书籍和学术论文再度呈现在我们面前就不足为奇了。[1] 此外，2014年世界各地举行的众多有关"一战"的会议和学术研讨会，又进一步催生了更多出版物的问世。

---

[1] 德语资料：赫尔弗理德，《大战：1914年至1918年的世界》，柏林，2013年；格尔德·克鲁迈希，《1914年7月的回顾》，帕德波恩，2013年；古易多·克罗普，《图片中的回顾》，柏林，2013年；爱英斯特·皮培，《欧洲上空的黑夜：第一次世界大战的文化史》，柏林，2013年。英语资料：马科斯·海斯汀斯，《1914年的灾难：欧洲迈向战争》，纽约，2013年；米谢尔·内拜格，《狂怒的舞蹈：欧洲与第一次世界大战的爆发》，剑桥，2011年；马格理特·马克米兰，《结束和平的战争》，纽约，2013年；查尔斯·艾莫松，《1913年：大战前的欧洲》，纽约，2013年。其他材料见：《当代历史》杂志2013年4月专版有关"一战"爆发的文章以及本书前言第9页和第13页的注释中所列出的书名和文章名。

仅在2013年至2014年两年间的大量出版物，就已经使我们很难对当今的"一战"研究获得一个清晰的图像。

1994年和2004年都是"一战"爆发的周年。如果再把这两年的重要研究成果纳入视野，会使我们更难把握当代"一战"研究的现状。①在2004年的研究中，有学者大体上按历史编纂学的原则，把发生的历史事件按"上层社会"和"下层社会"的角度加以考察。读者可在本书39至92页读到这两种观察视角。值得一提的是，这些研究成果并未引发对1914至1918年的分析应该主要着眼于政治—军事领域还是社会经济—文化领域的原则性争论。

但是，当话题涉及1914年的7月危机的起因和过程本身时，情况则截然不同。为了让读者较为容易读懂后

---

① 松克·奈策尔，《战争的爆发：德国走向灾难之路（1900—1914）》，慕尼黑，2002年；格哈尔德·黑希费尔德，《第一次世界大战百科全书》，帕德波恩，2003年；赫·斯塔希森，《第一次世界大战》，纽约，2004年；大卫·斯特凡森，《大动乱：作为一场政治悲剧的第一次世界大战》，纽约，2004；赫夏德·海尔米顿，霍尔杰·赫尔维希，《第一次世界大战的起源》，纽约，2003年；凯特·威尔逊，《1914年的战争决策》，伦敦，1995年；马克·赫威斯顿，《德国和第一次世界大战的起因》，牛津，2006年；米伦达·卡特，《三个皇帝：三个表兄弟，三个帝国与通向第一次世界大战之路》，伦敦，2009年；荣·惠勒，《威廉二世》，慕尼黑，2008年。

面的章节，接下来将介绍有关"一战"责任和罪责的激烈争论。在此，首先得提及与"一战"爆发有关的两个重要观点，而当代研究对这两个观点几乎不存争议。第一个观点是所谓的"战争狂热情绪"。人们通常认为在1914年8月，"战争狂热情绪"如海啸一般席卷了整个欧洲。在雷马克的《西线无战事》或由该书拍成的美国影片《西线无战事》中，一开始的场景就让人难以忘怀：在德国一所文理中学的窗前，士兵们列队在群众雷鸣般的欢呼声中齐步向前。在教室里，一位民族主义的教师热切地鼓动着他的青年学子们报名上前线。

"战争狂热情绪"在许多教科书中一再被提及，但最新的研究证明，所谓的"战争狂热情绪"实际上不过是神话传说而已。"战争狂热情绪"在当时，特别是在城市里的确存在着，但正如我们现在所了解的那样，大多数人对战争总动员令的反应则是消极的。杰—雅克·贝克在多年前就向人们阐述了当时法国人的消极情绪。① 文献材料清晰记载了在意大利、俄罗斯以及其他欧洲国家同样存在的消极情绪。② 一位高龄的社会民主党人曾

---

① 杰—雅克·贝克，《世界大战和法国人民》，利明藤斯巴，1985年。

② 总体情况见本书前言第二页的注释中米谢尔·内拜格著

这样描述汉堡市的矛盾情绪:"在贝森宾登赫夫的工会前,同志们日复一日地聚集在一起。面对时代的喧嚣,大家心中充满了不解和迷惑。很多人暗自反问道:'要么是我疯了,要么是别人疯了?'"①众所周知,在德国的许多城市里,人们走上街头,举行了和平示威活动。示威者向奥匈帝国的政府发出警告,不得把因1914年6月对帝国王储以及其夫人的暗杀事件而引发的危机升级演变为针对塞尔维亚人的战争。②数以百万的志愿兵或义务兵奔赴前线,但他们坚信参战是为了反击入侵者的侵略,是为了保家卫国,而非出于要满足自己的攻击欲望。特别值得一提的是,欧洲各国的很多民众出于对战祸的恐惧,纷纷从银行取出自己的存款,这更为清晰

述第5页;英国情况见:亚当·霍赫希尔德,《大战》,斯图加特,2011年;德国情况见:弗尔克·乌尔赫希,《战争中的日常生活:第一次世界大战中的汉堡》,科隆,1982年;米夏尔·斯图伊克,《在塔门斯达特市8月的经历:神话与现实》,塔门斯达特,1994年;伍尔夫冈·库塞,《战争与民族一体化》,埃森,1994年。

① 弗尔克·贝克汉恩,《1914年前的军备竞赛和战争危险》,见:赫尔姆特·勃莫尔,弗利茨·卡伦贝格,《德国与第一次世界大战》,达姆斯塔特,1987年,第79页。

② 卡尔-蒂特利希·埃尔德曼,《库尔特·黑茨勒:日记,文章,记录文件》,哥廷根,1972年,特别关注1914年7月底的日记。

地表现了当时的消极悲观情绪。①

第二个观点是,银行业和商业也同样表现出这种消极悲观情绪。几十年前部分史学家认为,"一战"的始作俑者和挑起者在1914年前都置身于工业和金融业的巨头之中。今天我们对此有了更深刻的了解。的确,重工业的一些巨头们通过军备竞赛赚得盆钵满盈,国家不断的武器订购也使他们独占鳌头。但是在所有欧洲国家的经济精英阶层中的大多数人士看来,战争如瘟疫一样可怕。他们指出,一场战火就可使当时已丝丝相扣的国际贸易体系毁于一旦。作为经济界的精英人物,他们清楚地知道,一场工业国之间的全面战争会在生命和物质财产方面招致什么样的巨大灾难。

正因如此,1914年7月,各国银行家和企业家们纷纷向政界和军方表达他们对战争的思考和想法。②他们遵循诺曼·安吉尔和赫伯特·斯宾塞的思想,指出工业国间的战争不会有胜利者,只有失败者。与开战相比,和谈在任何情况下都应该处于优先位置。③正如《华尔

---

① 实际上并不仅是汉堡发生了这种"惊慌涌入银行和食品店"的现象。见:弗尔克·贝克汉恩,《1914年前的军备竞赛和战争危险》,第79页。

② 尼埃勒·费格森,《战争的不幸》,纽约,1999年,第192页。

③ 见当时被译为多种文字的著述:诺曼·安吉尔,《巨大

街日报》所写的那样:"全世界从未如今天这样充满了忙碌。工业德国在30年间远远超越了军事德国。纵观整个文明世界,村庄变成了工业中心,市镇变成了大都会,帝国转变为国家,现代君王崇尚商贸而非尚武。"①当然,这种改变并不意味着欧洲殖民者不再针对造反的"土著",实行所谓"有限的惩罚行动",以保障"安宁和秩序"。

然而,政界和军界独揽了战争与和平的决定权,工商界无力阻止他们坠入战争的深渊。无论是英国还是法国的银行巨头,如罗斯柴尔德家族或是德国汉堡—美洲航运股份公司的总经理,他们都想在权力中心拥有影响力。但是否停止或是否转向妥协的最终决定权,永远都在君主们和他们的政治、军事核心圈子成员的手中。只有威廉二世、弗兰茨·约瑟夫一世和沙皇尼古拉二世才能颁布或撤回动员令,而英国和法国的决策者们还必须获得内阁成员和议会多数的同意才能做出相关决定。"一战"爆发后,德国皇帝下令突袭比利时,破坏这个

的幻觉:关于一个国家的军事力量与经济和利益的关系的研究》,North Stratford,NH,2000年(1911年);赫伯特·斯宾塞,《人与国家》,波士顿,1981年。

① 《华尔街日报》,1914年7月28日。

小邻国的中立，以便在比利时投降后可从北面攻入法国占领巴黎。这时英国外交大臣爱德华·格雷才在内阁和议会获得了对德宣战所需要的支持。值得关注的是，在这符合宪法的历史事件过去多年后的今天，人们又开始对1914年的7月危机展开了新的研讨。①

克里斯多夫·克拉克的《梦游者》一书为读者了解这一研讨提供了一个良好的开端。该书作为一项研究成果，在2013年底被《明镜》杂志列为德国最畅销的专业书籍。2013年12月《纽约时报》则把该书推选为美国该年度十佳书籍之一。②这本900页的皇皇巨著，其独到之处在于开篇的着眼点并未立刻就集中于柏林或维也纳，而是把目光投向了巴尔干和俄罗斯。与以前有关1914年7月危机较为陈旧的阐述相比较，克拉克更为详尽地为读者绘制了一幅当时东南欧的形势和变迁图。在1912年和1913年间，东南欧爆发了多次区域战争，先是斯拉夫人反抗奥斯曼帝国的战争，随后保加利亚、

---

① 米谢尔·内拜格，《狂怒的舞蹈：欧洲与第一次世界大战的爆发》，剑桥，2011年，234页："战争爆发的原因是一个选出来的小圈子里的人希望发动战争，也可能是这个小圈子误判了形势。他们自以为可以掌控局势。当他们开动战争的机器已经运转起来时，要阻止这一运转已为时过晚。"

② 克里斯多夫·克拉克，《梦游者》，斯图加特，2013年。

罗马尼亚、塞尔维亚以及希腊之间又兵戎相见。

作者克拉克逐渐把目光聚焦于塞尔维亚以及塞尔维亚为反对哈布斯堡王朝统治而制定的目标上。贝尔格莱德自视为一场民族扩张运动的中心。这场民族扩张运动的矛头直指奥匈帝国，其目的在于把该区域的所有斯拉夫人统一在大塞尔维亚帝国的领导之下。一些年轻的民族主义者组成了秘密团体。在贝尔格莱德的情报机构，而不是政府的支持下，他们实施了暗杀行动。这些年轻的民族主义者在萨拉热窝的暗杀行动，引发了一系列的连锁反应，4周之后第一次世界大战便轰然爆发。克拉克看问题的出发点似乎受到了我们这个时代的影响。但无论如何他都向读者清晰地阐述了这些暗杀者们是如何引发这次直接导致战争爆发的巨大雪崩的。根据克拉克的观点，1914年之前，沙俄就已经卷入了巴尔干冲突的旋涡之中。

在进一步阐释这一主题的论据之前，我们还要探讨一下西恩·麦克米金的论著《战争倒计时》。该书的出版先于克拉克，并使他在如何理解俄国所扮演的角色方面大受启发。该书作者认为，沙俄也要对第一次世界大战的爆发负有责任。早前L.C.F.图勒提出了这一论点，后来爱德华·麦克·库罗夫又重新提出了这一观点。①

西恩·麦克米金把 1914 年 7 月危机的起因与彼得堡的博弈以及沙俄外长沙查诺夫与军界领导人的关系联系起来。在奥匈帝国向塞尔维亚发出最后通牒后，沙俄也下达了军队的部分动员令。沙俄外交大臣沙查诺夫玩起了障眼法，宣称俄国军队的部分动员令仅是针对维也纳可能挑起巴尔干战争而发出的警告。根据西恩·麦克米金分析，实际上沙俄军队一开始就进行了大量准备，而这些战争准备最后导致了针对德奥同盟的战争。沙俄相信，这次战争的胜算很大。

西恩·麦克米金认为，7 月 25 日到 29 日这几天至关重要。他论证自己的解读正确性的证据皆出自与这几天有关的一系列文件和陈述。根据掌握的材料，西恩·麦克米金明锐而又令人信服地证明，沙俄在西面的大量军事部署完全可以与军事总动员相提并论。同样重要的是，德国方面对此了如指掌，因此德方完全不相信沙查诺夫以及其他外交人员宣称的部分动员令的说法。

---

① 西恩·麦克米金，《战争倒计时》，维也纳，2014 年。L.F.C. 图勒，《第一次世界大战的起因》，伦敦，1970 年；爱德华·麦克·库罗夫，《第一次世界大战开战的原因》，纽约，1999 年。这两部著述属于将"一战"原因归咎于沙俄的那一类文献，带有强烈的反俄、反法和亲德的倾向，同时也反对弗里茨·费舍尔的观点。

换句话说，西恩·麦克米金认为，时任德国总参谋长的赫尔穆特·约翰内斯·路德维希·冯·毛奇①和帝国首相冯·贝特曼在沙俄于7月31日正式发布总动员令前就获悉了圣彼得堡发动战争的目的。因此毛奇敦促德国皇帝及时发布总动员令，这就构成了德国向尼古拉二世发出最后通牒的历史背景。德方的最后通牒要求俄国8月1日前收回动员令。但俄方战争的准备早已如火如荼地展开了，完全没有理会德国的最后通牒。于是德国皇帝于8月1日签署了总动员令。对德国而言，这样的事态发展方式大有裨益。柏林可以把这场战争辩解为抗击俄国入侵的防卫战争。德国海军参谋长冯·穆勒在日记中的一句话道出了天机：帝国领导层"把我们装扮成被攻击者的做法太英明了"。②

---

① Helmuth Johannes Ludwig von Moltke，1848—1916，音译应该为赫尔穆特·约翰内斯·路德维希·冯·莫尔特克。他是俾斯麦时代重要军事人物赫尔穆特·卡尔·贝恩哈特·冯·毛奇的侄儿。

② J.C.G. 霍尔，《海军上将穆勒和对战争的看法（1911—1914）》，见：《历史》杂志，第12卷，第4册（1969年），第670页。当12月31日有关俄军总动员令的消息传来时，"四处都是兴奋的面孔，人们在走廊里握手，为总算等到这一天而相互庆贺"。摘自松克·奈策尔，《战争的爆发：德国走向灾难之路（1900—1914）》，慕尼黑，2002年，第189页。

然而人们不禁要问,为何沙皇俄国要与中欧的列强们开战。西恩·麦克米金认为,通过战争,沙俄早已怀有的战争目的变得唾手可得了。多少年来,俄国外交部就将向南和西南方向的领土扩张以及通过占领达达尼尔海峡获取通往地中海的海上通道作为一项既定目标。西恩·麦克米金以来自俄国的资料为依据,绘制了一张圣彼得堡有意识遵循并且协调良好的帝国主义扩张政策图。这一扩张政策意在把正处于分崩离析的奥斯曼帝国的遗产全部收入囊中。

在此,一部有关沙俄外交政策的著述进入了我们的视野。该书由多米尼克·利芬撰写,书名为《俄国与第一次世界大战的起因》。[1]在书中,作者反驳了西恩·麦克米金的观点,在对源于莫斯科的相关档案资料进行一番新的评估后,他向读者展示了战前俄国政府各部门间

---

[1] 多米尼克·利芬较早的研究结果:《俄国与第一次世界大战的起因》,纽约,1983年。有关俄国扩张政策的研究:迪特利希·盖伊尔,《俄国帝国主义》,哥廷根,1977年;鲁道夫·马克,《雄伟大业的阴影:1871年至1914年德国世界政策与在中亚地区的俄国帝国主义》,帕德波恩,2012年。海斯汀斯针对西恩·麦克米金而提出的见解:"俄国的确在控制达达尼尔海峡方面与德国激烈竞争,但其结果对1914年的影响仅仅是引起了两国的怨恨和猜忌而已。"

以及各部门内部大量的意见冲突和矛盾对立。多米尼克·利芬在这些俄国内部的矛盾冲突中觉察到了有关沙俄是否具有生存能力讨论的起因。作者认为，沙俄未能完成现代化改革，它不属于那种充满自信心冉冉上升的国家，而是时刻面临崩溃威胁的国度。

那么，鉴于俄国当时的状况，人们又应如何看待有关战争爆发的起因和1914年7月危机的争论呢？西恩·麦克米金认为圣彼得堡应该为这两者承担责任。他对俄国的看法十分明显带有对弗里茨·费舍尔以及所有把第一次世界大战的起因归咎于柏林和维也纳的历史学家的批判。[①]虽然克拉克对这一核心问题并未表达清晰的立场，但他在早已炙手可热的巴尔干问题方面所做的

---

① 关于费舍尔的观点见：《战争与幻想》，杜塞尔多夫，1969年。费舍尔认为，帝国领导层和将领们在7月初就立刻引导局势向战争方向发展。贝特曼·霍尔维格试图将冲突限制在巴尔干半岛的策略，正好说明了他意识到了一场大战的风险。见：康奈德·雅哈希，《令人费解的帝国首相：贝特曼·霍尔维格与德意志帝国的狂妄自大》，普林斯顿，1972年。当俄国的反应使这一策略在7月25日失败后，毛奇积极推进战争的准备工作。他只有一条战争策略：首先攻击俄国的盟友法国，破坏比利时的中立，入侵比利时。这导致了英国参战。关于哈布斯堡王朝的角色，见：萨米勒·威廉森，《奥匈帝国和第一次世界大战的起因》，纽约，1991年。

详尽、新颖的研究，功不可没。但当他的著述越是涉及1914年的7月危机时，要想得到一条清晰的思想脉络便越加困难。克拉克对法国政策的发展进行了一番透彻的分析后，把太多篇幅花在了阐述英国的政策和各种将英国拖入战争的花招上。当德国已经入侵比利时后，英国的这些花招都还未停止下来。

对一个在剑桥任教的历史学家而言，将这些内容作为重点是理所当然的，但他的分析显得太冗长繁杂。克拉克同意大卫·罗德·乔治的观点：所有的列强最后都一起卷入了战争，因而他强调共性，反对将引起战争的责任问题列出一份大小清单。

在这种情况下，我们可以不再把《梦游者》一书作为讨论的焦点，而是进一步深入地分析荣·纽恩哈德有关第一次世界大战的新书。[①]作者首先确定，梦游般的决策者们的行动都是有意识的。根据作者的观点，这些决策者们绝非稀里糊涂地陷入灾难之中，他们对所冒的风险心知肚明。只不过这些风险最终远远超出了他们心身所能承受的范围。很多新书都以费舍尔的论点为背景。在涉及费舍尔的论点时，纽恩哈德更倾向于康奈德·雅哈希提出的观点：柏林在7月初打算把萨拉热窝

---

① 荣·纽恩哈德，《潘多拉的盒子》，慕尼黑，2014年。

危机仅限于巴尔干半岛,惩罚、抑制塞尔维亚,稳定哈布斯堡王朝,同时让俄国保持克制。但这一策略一开始就包含着因失控而陷入战争的巨大风险。果然,当俄国掺和进来并宣布不允许侮辱塞尔维亚后,这一策略便宣告失败。①

这一策略失败的后果则是,1914年7月末柏林和宣布了战争动员令的俄国一样陷入了别无选择的处境。那些按精密制订的运输计划运行的列车已在7月底把大量的士兵和军用物资运过莱茵河,送往比利时边境。就算德皇想在8月1日缓和局势,这些列车也无法再停下来了。德皇还天真地以为可以让这些列车开往别处。正如纽恩哈德所指出的那样,德军司令部已别无选择,只能8月1日在西线开战,从而以攻为守,摆脱困境。德皇也仅知道这场战争不会很快结束,或许在1914年圣诞节来临时德国能赢得战争的胜利。②

---

① 康奈德·雅哈希,《令人费解的帝国首相:贝特曼·赫尔维格与德意志帝国的狂妄自大》,普林斯顿,1972年,第148页,见有关《有限战争的幻想》一章。

② 阿里卡·蒙鲍尔,《赫尔穆特·毛奇与第一次世界大战的起因》,剑桥,2001年;斯梯格·弗斯特,《德国统帅部和一场短期战争的幻想(1871—1914):对一个神话批判的批判》,见:《军事历史报告》,第54卷,第1册(1995年),第61-69页。

更为糟糕的是,毛奇自己也不知道这场战争的最终结局是什么。对他而言,力量平衡的天平在1915年和1916年间向不利于中欧列强的方向倾斜之前,已别无他法,只有行动。贝特曼·霍尔维格制定的是极具风险的危险控制策略,毛奇制定的策略是先在西线取得胜利,然后再把兵力投入到东线以击败想象中行动迟缓的俄军。但我们今天都应该知道,他们二者都未能预料到,其未来的结局是多么可怕。当我们今天回首当年,才真正理解到其结局的严重性。此外,弗斯特的分析也应该引起我们的重视。他认为,1914年8月1日柏林自以为陷入绝境而盲目做出的决定本身就含有一种不负责任的犯罪性质。[1]这样,无论是柏林、维也纳,还是圣彼得堡的决策者们都成了他们自己建造的战略监狱里的囚犯。

---

[1] 弗斯特的评判见:莱·纽恩哈德,《潘多拉的盒子》,慕尼黑,2014年,第94页。艾弗勒·沃夫的阐释也同样让人关注(《在1914年奔赴战争:一件荣誉的事情?》,见:《政治与社会》,第23卷,第1册,第213–241页),他研究军官团的荣誉感,和纽恩哈德一样把占支配地位的情感作为研究题目。

第一章
第一次世界大战及其代价

1. 第一次世界大战和20世纪

如果我们立足于当今时代，用21世纪的目光回溯第一次世界大战爆发的起因、进程和结局，或许对1914年至1918年间发生的种种重大历史事件，能够有更为充分、更为透彻的理解。同样是这些历史事件，但对于生活在20世纪初的人们而言，这一切却显得是那样的令人费解。

那时在各种社会阶层中，都普遍存在这样的观点：一场自然灾害在欧洲肆虐。很多人相信，一场飓风横扫欧洲大陆，把许多地方都变成了荒无人烟的月球般的图景。正如当年人们所说的那样,当枪炮终于沉寂下来后,自然又翩然而至了。陈尸百万骨枯的战场重又化归为绿色的田野。在法国北部和凡尔登地区广袤的田野上,红色的罂粟花在麦穗间随风起舞。在安魂日,英国人把罂粟花插在衣服的纽扣洞里以纪念那次"伟大的战争"。直到今天,很多英国人都还把第一次世界大战看作一次伟大的战争。在泥泞战壕或弹坑中的阵亡者遗体,只要还能辨认,就不会被草草了事地被埋在荒凉的战场上,而是被安葬在绿色葱茏的"烈士陵园"——法国人称之为"葬礼的花园"。

很多作家在战后的小说或回忆录中把这场战争浪漫化了。这种浪漫化也必然会对战争的阐释产生影响。将"一战"描绘为一场自然灾难,这也正迎合了欧洲各国民众以及阵亡将士的遗属们要克服这些苦难岁月的心理需要。直到20年代后期——如下文所示——对发生在1914年至1918年间的那些经历加以真实描写的书籍和电影才开始进入人们的视线。当然,我们也不能否认这样一个事实,那就是很多左翼人士从来就反对对"一战"的英雄化。

今天我们不再认可第一次世界大战是一场自然灾害的解释,而是把它看作一场人为引发、人为推动并且最后精疲力竭地走向终结的重大历史事件。当我们更加深入地探讨"一战"的起因和过程时，便会对其惨烈性产生难以磨灭的印象。1914年至1918年的第一次世界大战开启了一个暴力盛宴的漫长时代，欧洲和整个世界都卷入了血腥的暴力之中。在第二次世界大战中，更多人失去了生命，并发生了对犹太人史无前例的种族灭绝大屠杀。有足够的理由证明，第二次世界大战正是第一次世界大战的延续。在两次世界大战之间的年代里，内战、各政敌间的相互暗杀都造成了难以数计的死亡人数。与此相联系，"一战"的惨烈与可怕就不再那样令人费解了。

1945年，第二次世界大战的战争机器终于停止了轰鸣。但杀戮并未停止，只不过换了地方而已。欧洲之外所谓的"第三世界"成了继续杀戮的场所。更不用说1945年后在"第二世界"建立的斯大林主义的独裁政体制造了数量多么庞大的牺牲者了。总体而言，与20世纪上半叶相比，下半叶更多的人死于非命。按当今的估计，20世纪死于战争的人数大约为一亿八千七百万人，其中六千万死于第二次世界大战，两千万死于第一次世界大战。如我们造访法国北部"一战"阵亡将士公墓，目睹一望无尽的墓前十字架和墓碑，内心深处一定会深感震撼。如果我们目睹一亿八千七百万块十字架或墓碑,我们会做何感想?这已远远超出了我们的想象力。

但这一切并不意味着我们在探究这一由人类自己引发的灾难的起因、过程和结局时会束手无策。本书的目的也正是在于用一个紧凑的篇幅来分析阐释那时到底发生了什么。首先需列举数据,这些数据在1918年战争结束时便已经公之于众了,还有一些数据是后来通过历史学家的研究而得来的。为了让读者事先对本书有一个了解,在接下来的一节中,将对国际历史学界在相关题目上的主要变迁加以阐述。书中使用的材料本身就反映了这种变迁,而且,这种变迁也解释了为何本书并没有按照严格的时间顺序来建构叙事程序。

2. 损失清单

当第一次世界大战轰然爆发时,德国和奥匈帝国这两个中欧帝国分别拥有二百二十万和八十一一万训练有素的军人,可以随时投入战争。与法国结盟的沙俄拥有一百二十万兵力,法国拥有超过一百二十五万兵力。英国无义务兵役制,其兵力为七十一万一千人。原本与德国、奥匈帝国结盟的意大利在战争开始时宣布中立,到

1915年时转而站在协约国一边参加了反同盟国的战争。意大利参战的兵力为七十五万人。

各国投入战争的兵力可谓数量庞大。随着战争的全面展开,到1918年时,各国参战的兵力如下:

德国:　　　　　　　　一千一百万人

奥匈帝国:　　　　　　六百五十万人

奥斯曼帝国:　　　　　一百六十万人

大英帝国(包括其殖民地):七百四十万人

法国(包括其殖民地):七百五十万人

俄国:　　　　　　　　一千二百万人

意大利:　　　　　　　五百五十万人

美国:　　　　　　　　四百二十万人

在战争中阵亡的九百四十万人中,英、法、德三国阵亡军人的数目较为可靠:

英国:　　　　　　　　七十二万三千人

法国:　　　　　　　　一百三十二万人

德国:　　　　　　　　二百零三万人

俄国:　　　　　　　　二百万人

奥匈帝国：　　　　　　一百四十万人

俄国和奥匈帝国的死亡人数可能远超这个数字。1917年俄国十月革命后以及随后1921至1922年的内战造成了超过九十万人的死亡，六百八十万人受伤或患病。欧洲之外的地区，仅印度一地，1918年爆发的流感就导致了六百万人丧生，在非洲地区，各种疾病也使一百多万人失去了生命。

大量的战俘再也没能回到故乡。他们往往被算作失踪者，实际上他们也算战争的死难者。在东线进行的是运动战，因而被俘的军人数量特别庞大：二百二十万奥匈帝国军人和二百五十万沙俄军人被俘。开始时，沙俄军队曾尽力设法给战俘以及部分被运送到了西伯利亚的奥匈帝国被俘军人以人道主义待遇。但寒冷的气候、席卷俄国的饥荒以及1917年十月革命后的混乱还是使战俘大量死亡。

以上的数字清晰明了地勾画出了欧洲各国在战争期间所承受的悲哀图景。20世纪20年代，几乎每一个家庭在战争中都失去了父亲、儿子、叔父、侄儿。根据第二次世界大战和越南战争的经验，对一个有亲人参战的家庭而言，收到亲人失踪的通知比阵亡通知还要令人难以承受。后者虽然可怕，但毕竟还有确定性。

由于征募军人的体制原因，英国一些地区和城市在战争开始时人员损失特别大。这一体制后来才被加以改变。当政府号召大家志愿入伍时，整个村庄、北部工业城市里那些工人居住区的应征入伍者们满怀激情、斗志昂扬地开赴比利时或法国北部参战。他们在伊普尔和索姆河的惨烈战役中共赴死亡。英国社会上层也同样深陷悲哀之中。大量来自社会上层并就读于精英大学的年轻人志愿报名入伍并顺利通过了入伍体检。这与很多来自工业区贫民窟的志愿入伍者因营养不良、疾病缠身而无法通过入伍体检形成了鲜明对照。在第一次世界大战中，英军平均阵亡率为16.2%，而来自牛津、剑桥大学的二十岁以下的志愿兵阵亡率为23.7%和23.6%。在这里，社会阶层的差异以一种出乎人们意料的方式表现出来。这些阵亡的学生属于"失去的一代人"。有人认为，因为第一次世界大战英国未能造就一批精英学子，从而使英国的领导力大为削弱，这点充分表现在30年代。当纳粹德国强势崛起并开始威胁欧洲的和平时，英国却束手无策。这一历史事实清晰表明了这一代精英的缺失所带来的后果。

当得知他们的亲人魂断沙场再也不会归来时,孩子、妻子和父亲不得不承受那难以承受的痛苦。后来，越来越多的人了解到阵亡并非就是在几秒钟内结束生命，而常常意味着在经历了巨大的痛苦和折磨后方才撒手人寰。得知这样的情况后，这种失去亲人的痛苦和哀伤便变得用笔墨难以形容了。很多军人在发动冲锋时被敌方机枪击中，但他们身处两军之间布满铁丝网的无人区，己方人员无法施救。他们呼救的哀号无人应答，最终只能在巨大的痛苦和绝望中死去。不少伤兵有幸在交火短暂停息的片刻爬回了己方阵地，也有很多军人在战壕里被敌方猛烈的炮火击中而身负重伤。他们都被运送到战地医院救治，然而战地医院实际上并不能挽救他们的生命。面对成千上万的伤兵，医生们早已无能为力。他们必须为一个伤员能否还有活下来的可能性做出快速的判断和决定。如果医生认为没有救治希望，伤员便被抬到邻近的大厅里。医生在那里给伤员注射麻醉药，以便减轻临死前的痛苦。

　　正如国际研究结果表明的那样，对前线大量人员伤亡的详细表述意义重大。数以百万计的欧洲人在战争中的悲惨命运始于1914年秋天。对阵亡者的哀悼已不仅限于个人和家庭，而是一种社会层面上的集体活动。尽管这是战后才出现的现象，但仍然有必要在这里加以简短地提及。战后各国每年都举行哀悼日，来自社会各阶层的人士在战争纪念碑前默哀，共同悼念那些阵亡的将士。甚至那些最小的社区都树立起了战争纪念碑。这一切都折射出了战争引发的苦难与悲惨是多么深重。和邻里们一起在纪念碑前敬献鲜花和花圈，倾听神父和市长慰藉的致辞，回忆阵亡的亲人，这是许多家庭唯一能做的事情。大多数阵亡者都是合葬在一起的，没有单独的墓穴，或者被安葬在亲人们无法前往的遥远国度里的士兵公墓中，因而纪念碑便成为唯一可以悼念亡魂的地方。

战后归乡的伤残军人也是战争中人员伤亡的组成部分。下列数据表明了第一次世界大战的伤残情况：

德国：	四百二十万人
奥匈帝国：	三百六十万人
奥斯曼帝国：	四十万人
英国（包括其殖民地）：	二百一十万人
法国（包括其殖民地）：	二百七十万人
俄国：	四百九十万人
意大利：	九十四万七千人
美国：	二十万零四千人

很多重伤员因被截去了手臂和腿而丧失了工作能力，只能靠微薄的抚恤金和家人的帮助度过余生。在英国，失去两条肢体、瘫痪、长期卧床的重伤员至少达三万六千四百人，超过二万四千名伤残军人失去了一只手臂或一条腿。十五万二千名伤残军人失去了部分手臂或腿。这些伤残军人们的生活全靠家人帮助。愤懑和忧郁时刻伴随着他们，那些残酷的战斗场面也如噩梦般常常纠缠着他们，使他们在睡梦中也不得安宁。很多伤残军人的言行举止变得暴戾无常，对自己的不幸命运充满了愤恨和埋怨，进而把自己的妻子儿女当作发泄的对象。1913年法国有一万六千对夫妻离婚，而在1921年和1922年，这一数字分别达到了三万五千和三万一千。

有些伤残军人战后总算找到了一份工作，没有工作或找不到令人满意的工作使数目庞大的人患上了抑郁症。但那些因伤失明或头部重伤的军人，其处境则更为艰难。在法国有一种伤残军人被称为"面孔破碎的男人"，他们因伤毁容，如果不戴上工匠制作的面具，就无法在镜子里面对自己。在战地医院里，各国都做出了不得摆放镜子的规定，以免让伤员们看见自己那缝合起来的破碎面孔。

数以万计的军人在身体受到创伤的同时，精神也受到了创伤。在西线的物质消耗战中，战壕中的每一个军人都可能遭受这种精神创伤。那时心理护理尚未成熟，大多数人只能靠自己或在家人的帮助下克服受到的精神创伤。那些无法靠自己的力量克服精神创伤的军人，则由专门的医疗机构来医治。在战争期间和战后，这些医疗机构为数千患有"炮弹休克症"的士兵和军官进行了治疗。"炮弹休克症"是一种战争引起的精神分裂症。患者常常在掩体里经受敌方炮火数小时或数天之久的猛烈轰击后，突然变得精神失常了。他们会叫喊着冲向旷野，在双方战壕间的无人区毫无目标地乱跑，最后成为敌方狙击手的牺牲品。如果他们向后方跑去，就会被宪兵逮捕，有时会按军法被处决。

在经过了很长一段时间后，军医们才意识到，这些军人患上了歇斯底里症，需要进行心理治疗。在很多情况下，这样的治疗是卓有成效的。但在战后的很多地方仍然有许多精神上被完全摧毁了的患者。当听到突然发出的巨大噪音时，他们会浑身颤抖或默默无声地蜷缩在床下。

以上有关战争造成的伤亡陈述，其目的在于给读者传达这样一个事实：前线所发生的一切给所有参战国的军人、他们的家庭和社会带来了何等惨痛的伤亡代价。

如果我们把目光转向物质损失方面,呈现在我们眼前的是1918年的法国北部和凡尔登,在那里毫无生气的泥泞荒原上只剩下了无数巨大的弹坑和树桩。两万五千平方公里的农田和森林被毁灭殆尽,损失了一百三十二万头牛,二十五万幢建筑只剩下残垣断壁。在东部战场,物质财产的损失同样惨重。由于双方军队对一些地区的反复争夺,使更多的土地受到毁坏。迄今为止,人们都无法统计出东部战场物质损失的总量。

武器是一切毁灭之源。早在1914年之前,各国就动用了国库资金制造、购买价值不菲的武器装备。由英、法、俄构成的协约国在1913年时,武器装备支出为两亿四千六百二十万英镑,德奥同盟国则为一亿一千八百四十万英镑。在1890年至1913年间,协约国军费开支上升了164.2%,同盟国上升了158.5%。1913年与1887年相比,法国的国债上升了39%,德国上升了153%,俄国上升了137%,只有英国的国债下降了5%。

与1914年第一次世界大战爆发后的战争支出相比,战前的军费开支便显得黯然失色了。下文列举的数字仅是粗略的估算。各国通过让本国货币贬值来大大降低国债,从而使精确地计算战争开支变得十分困难。此外,随着战争的全面展开,各国都加大了对军火业的投资力度以推动生产设备的现代化,而生产设备的长时间、高强度运作也必然加快其折旧速度,这些因素都使精确计算变得困难重重。

我们把各种要素放在一起加以计算,得出的结果是:敌对双方主要参战国,军费开支总额为一千七百五十亿美元。其中德国和英国为支出最多的国家,分别为三百七十八亿美元和三百五十三亿美元,法国为二百四十三亿美元,美国为二百二十六亿美元,俄国为二百二十三亿美元,奥匈帝国为二百零六亿美元,意大利为一百二十四亿美元,陆地战争造成了最大的物质耗费。1916 年 6 月底,为进攻索姆河地区的德军阵地,英军对仅二十公里长的地段就发射了三百万发炮弹。

与陆上战争相比较,海战却花费较少。除了少数几次交战,同盟国在世纪之交花费巨资建造的战舰完好无损地停泊在港口里。德奥同盟的舰队深知自己不是皇家海军的对手,因此,德国海军集中精力用潜艇鱼雷攻击协约国的商船队,并给英国造成了巨大的损失。英国损失了超过九百万吨货物,其次为挪威,损失了一百二十万吨货物。

1914 年前,世界货物贸易曾使欧洲各国的富裕程度得以显著提高。而随着战争的爆发,这一世界货物贸易体系随之分崩离析。英国皇家海军在战争爆发后立刻封锁了德国进行国际贸易的出海口,使德国成为国际贸易体系崩溃的最大受害者。1913年,德意志帝国出口额为一百亿零九千七百万马克,进口额为一百零七亿五千万马克甚至更高。开战后,这些数字都下降到了零头。与中立国荷兰的贸易因协约国的封锁也受到极大限制,只有与瑞典还能进行铁矿石交易。直到1925年德国贸易进口额才超过1913年的进口额约二十四亿马克,出口额则为九十二亿八千四百万马克,明显低于战前水平。

这一差异也折射了战后德国工业生产的状况。1922年,德国工业生产资料仅有战前的70%。当法国、比利时于1923年占领德国的工业心脏鲁尔区时,这一数字又进一步下降到了战前的40%。1914年前,西欧通过国际贸易获利颇丰,而到了战后的1918年,这些国际贸易和生产行业才得以缓慢复苏。这一切都造成了失业和物质匮乏的恶果,而社会下层民众则首当其冲,深受其害。英国社会底层的民众常常举行抗议示威和反饥饿游行。

如果不把财经行业的损失计算在内,对第一次世界大战的损失估价就不会全面完整。下文将就各参战国在财政上如何运作加以分析。战争导致了所有参战国的国民经济贫困化,这一点毋庸置疑。可以直截了当地说,发射大量昂贵的炮弹和子弹,其目的就是为了消灭对方的人员和摧毁对方的物质财富。人们不再能够和平祥和地消费自己生产的物品,而是被对方的战争机器"消费"掉了。敌对双方都抱着这样的念头:战胜对手后可以通过战败者的巨额战争赔款来弥补自己的战争开销。正是出于这样的信念,各参战国,特别是德国,通过发行国债的方式为战争提供财政支持。政府号召国民把储蓄存款借贷给国家,并允诺在战争胜利后连本带息返还给借贷者。

随战争而来的是通货膨胀和这种出于爱国主义而借贷货币的迅猛贬值。特别是当德奥同盟战败后,国家债券变成了毫无价值的废纸。战争使一切物品变得昂贵,连本带息返还国家债券的允诺被宣告无效,这一切使德国中产阶级的积蓄蒙受了巨大损失。很多人战前积蓄还算相当丰厚,1918年后却被剥夺得一干二净。这种财富被剥夺而引发的不满和愤怒最后导致了魏玛共和国的崩溃和希特勒的崛起。

以上陈述的生命财产损失和相关数字,使人们明白了这样一个历史事实:面对第一次世界大战这一"动脉大放血"所造成的后果,欧洲人到了1933年时仍然束手无策。1933年，纳粹德国开始策划下一场世界大战，其目的就是要使第一次世界大战造成的领土变更变为无效，并重新赢得1914年未能赢得的胜利。这一切都清楚解释了为何历史学家至今都把第一次世界大战看作为充满血腥暴力的20世纪一切灾难的"元凶"。

3.第一次世界大战和历史学

综观1918年后历史学的发展进程，可以发现一个现象：第一次世界大战的结局和巨大的生命财产损失所造成的痛苦和愤怒，使得原本内容丰富多彩的历史学变得十分政治化了。有关谁对战争的爆发承担责任的问题引发了西欧和中欧的历史学家各自为政的激烈辩论。两大阵营的观点针锋相对，势不两立。英国人、法国人和比利时人要德国和奥匈帝国承担"一战"这一灾难爆发的全部责任，而后者则愤怒地回绝这一指责。20年代中期美国的一些历史学家，如西德尼·费伊和埃尔默·巴恩斯试图用一种居间调和的立场来化解双方的对立。但随着希特勒的崛起和纳粹时期德国历史学家的堕落，美国历史学家的这一努力化为乌有。

本章内容并不涉及 1945 年以来有关"一战"爆发原因的研究总结，而是从一个更为广泛的视角来阐述本书的主题，从而勾画出"二战"以来历史学界对相关主题研究所呈现出的各种倾向。这一主题的变迁可以对第一次世界大战的研究重点和本书的结构产生影响。

如果我们观察近十年来有关"一战"题材的出版物，可发现一个十分明显的主题变迁：在对第一次世界大战进行研究时，研究的焦点从战争时期的政治历史和军事历史转向了那一时期的社会和文化历史等领域。20世纪 50 年代，对"一战"的起因和进程的研究理所当然地与政治研究相互联系在一起。当时的国际关系、参战方和中立国为达成妥协和平的种种努力、战争目的、赢得"战争胜利和平"等都是那时研究"一战"所关注的焦点。对参战国各国国内政治发展的研究也是这些方面研究的有益补充。史学家们对"一战"中各场重大战役的研究，也总是与政治历史联系在一起，力图从政治的角度去理解、把握战争领导者们所做的战略决策的前因后果。

当我们把目光转向 20 世纪 60 年代有关第一次世界大战的研究，可以发现，在汉堡史学家弗里茨·费舍尔以及弗莱堡西德历史学会主席格哈德·黑特晚年所撰写的，有关"一战"起因和德国的战争意图的书籍中，"一战"的经济历史开始成为重要的研究对象。在一些研究中得出了"一战"人员伤亡和物质耗费的较为精确的统计学数字，并将这些研究成果加以出版。很多研究采用了不同学科的方法，特别是人口统计学的方法，从而使长期被忽略的人员伤亡数字第一次得到了精确的表述。

于此相并行的是政治经济学研究法。美国历史学家季瑞尔德·费尔德曼的早期研究就是运用这种方法的最佳典范。他把一些重要的概念组合成对，如国家—军队、雇主—工会等，并使之成为研究的焦点。他研究的着眼点是探明各权力机构间是如何取得平衡的。后来，新马克思主义学派和自由主义学派对社会集团利益的研究都采用了这种研究方法和研究视角。新马克思主义用这种视角，用正统的阶级斗争模式来解释俄国和中欧的革命。柏林的历史学家于尔根·柯卡的研究也运用了相似的方法。但他把马克思主义阶级斗争的模式看作为一种问题的提出，而非事先规定的答案。他认为这种模式正是韦伯的理想模式。用历史材料来对照这种模式，就可以发现这种模式有悖于历史发展的事实。

除了引起人们极大关注的研究视角，柯卡对"一战"的研究还有另外一种深意：他的研究也是一种呼吁。他呼吁在对"一战"的政治和军事历史进行了大量的研究后，对"一战"社会历史的研究也应该成为一个重要环节。在结构主义影响下，柯卡的著述阐释了那个时代的社会历史。也正是他对"一战"时期的社会历史研究视角，引发了学者从"社会下层"的视角来分析、考察"一战"的历史发展进程。从前研究的焦点总是聚集在将领们身上，而现在取而代之的是对普通士兵的经历、心态和行为的研究。与此相对应，在对各参战国的历史进行研究时，以前总是仅以政要人物和高层决策为研究对象，而在这之后，普通民众的日常生活开始成为研究的焦点。史学研究的视角由"上"向"下"的转移也对其他历史时期的研究方式产生了巨大影响。对第一次世界大战进行研究时所使用的方法，也运用到了妇女史、性别关系史的研究之中。当社会历史学家分析战时工人、农民的状况以及他们对战争进程的反应时，其妻子儿女的命运、前线的大量阵亡、战争的全面化、作为阵亡者家属的心理状况以及生活境况等都理所当然地被纳入了研究者的视域。此外，一些历史学家将"一战"期间的日常生活的历史看作为一种文化现象。美国的文学史学者保尔·弗瑟尔在这一领域进行了开创性的工作。这一切绝非偶然。正如他所表达的那样，他高度关注战时和战后文学作品是如何处理战争这一题材的，而这一题材又带有时代的特征。对其他文化历史学家而言，因阵亡而丧失亲人是一种传统的悲哀题材，也是欧洲各国普通民众不得不面对的题材。

以上列举的有关"一战"研究的重心位移，极大地扩展、丰富了我们对发生在1914年至1918年间那些重大历史事件的认知，从而使我们可以更为丰富多彩、更为详尽全面地绘制一幅那个时代的画卷。四十年前没人想到的题目，今天却得到了广泛、深入的研究。在接下来的章节里，都会涉及、采用这些新的视角和观点。对第一次世界大战的爆发、与战争进程有关的重大决策和对重要决策人物的分析、阐述构成了本书的开篇章节。在第二章中，我们将转而叙述前线和后方战时事态的发展过程，以及欧洲民众对这一过程的切身感受。1917年和1918年间发生天翻地覆的革命时，"社会领导层"与"普通民众"的相互作用构成了本书的最后章节。

第二章
第一次世界大战的爆发

1."一战"的深层次原因

正如所有的历史重大事件都是由综合因素所导致的一样,第一次世界大战的爆发也绝非只归咎于一个原因。一系列的历史发展因素构成了"一战"爆发的深层次原因。但究竟是哪些因素对战争爆发要负更多的责任,历史学家们至今仍然意见相左。但若干特别重大的因素肯定对"一战"的爆发起了决定性影响。德国、奥匈帝国、意大利为一边的三国同盟,俄国、法国和英国为另一边的协约国,逐渐形成了两大敌对阵营。两大欧洲联盟体系的形成和逐渐的固化,无疑构成了"一战"爆发的决定性前提。

19世纪90年代初,德意志帝国首相奥托·冯·俾斯麦制定的战略体系分崩离析。俾斯麦战略体系的核心是阻止俄国和法国相互接近,以避免德意志帝国在与这两个欧洲大国发生战争时陷入两面同时作战的困境。正是在这一战略体系崩溃后的废墟上,开始时虎视眈眈,最后拔刀相向的两大敌对阵营形成了。1890年,年轻的德皇威廉二世与年迈的帝国首相分道扬镳,而在此之前,俾斯麦的战略体系在80年代末实际上就已经摇摇欲坠了。在这之后,德意志帝国与法国和俄国的关系日渐恶化。1892年,巴黎与圣彼得堡签署了军事协议,1893年,这一协议变为正式的同盟国条约。

世纪之交,面对德皇威廉二世咄咄逼人的"全球政治",英国日益不安,因而逐渐放弃了长期以来的"光荣孤立"政策。这一转向使英国的外交政策向法国靠拢,最终使英国在1904年4月加入了协约国同盟。三年之后的1907年3月,英国与俄国就多年来的矛盾冲突,特别是两国在南亚的激烈冲突达成了妥协。随着协约国联盟的成立,欧洲一分为二,两大阵营终于在1914年兵戎相见。

与两大阵营的产生与固化形影相随的是军备竞赛,

这一军备竞赛肇始于德国和英国之间的海军军备竞赛。到了1911年和1912年，两大阵营的军备竞赛又演变为积极为陆上战争做准备。

海军军备竞赛的根源在于德皇威廉二世和他的海军国务秘书阿尔弗雷德·冯·提尔皮茨所做出的决策。根据这一决策，德国将通过建立一支强大的海军舰队来确保其"全球政治"得以贯彻执行。如我们今天所了解的那样，德国力图用这支海军舰队迫使英国在谈判桌上就殖民地问题做出让步。德国也打算在必要时用这支舰队与英国皇家海军在北海一决雌雄。

对德国充满怀疑和不信任的英国人，最终把提尔皮茨卷入了这场军备竞赛，而这位德国海军国务秘书却在1910年和1911年输掉了这场军备竞赛。其失败的原因在于德意志帝国没有足够的财力，来建立一支在数量上和吨位上能与英国皇家海军比肩的舰队。海军军备竞赛的失利以及帝国海军的脆弱迫使普鲁士—德意志的将领们不得不制订在陆地上与协约国作战的计划。

此外，欧洲列强在亚洲、非洲和拉丁美洲的帝国主义殖民扩张与1914年"一战"的爆发有着必然的联系。19世纪70年代和80年代，欧洲列强开始了臭名昭著的殖民地争夺。在这一过程中，世界上尚未被瓜分的地区被分割一空，分别被划归了各自在海外的殖民地。欧洲列强海外殖民地的激烈争斗必然要反作用于欧洲大陆并使本已难以调和的矛盾更加激化和尖锐。

在这一历史时期，社会达尔文主义适者生存、强者通吃的原则盛行一时，这一原则也在欧洲各列强的发展过程中起过重要作用。同时，当时的国际体系却没有一个举足轻重、可以确保和平的权威力量。此外，许多国家的内部矛盾与冲突也成为战争肇始的原因。如奥斯曼帝国和哈布斯堡王朝都是多民族国家，各少数民族要求高度自治甚至民族独立的诉求日渐高涨，统治者对此深感压力。为了维护现状，确保特定种族的统治特权地位，两国政府竭尽全力地反对这种民族独立运动。

由于担心现行的政治体制和社会制度因民族独立运动的离心力而分崩离析，中欧各君主国和沙俄一再动用警察、军队等国家暴力机器，也大打舆论宣传战，以压制少数民族的独立运动。除了担心民族独立运动外，面对日益增长的工厂工人的数量，各国政府也心怀忐忑。随着工业化进程的发展，大量人口从农村移居城市，从而促成了现代无产阶级的产生。为了有一个较好的生活并分享社会的政治和经济权利，城市无产阶级力图通过组建工会和政党来表达自己的诉求。工人群体这些组建工会和政党的努力却遭受到政府的打压，政府极力阻挠工会和工人政党融入现存的社会政治体制中去，这必然会导致政治矛盾的激化。当涉及国家征税的负担分配，以及当国家收入回馈社会时谁应当是受惠者这些问题时，这种矛盾便毫无遮掩地显现出来。鉴于这样的社会矛盾，执政当局便越来越倾向于把内政与外交政策相联系，并根据现实的利益关系把内政外交当作相互支撑的工具，以达到稳定现存社会制度的目的。

人们总是能够对第一次世界大战内政外交方面的深层次原因按其轻重缓急、直接间接来进行归类排序。数以百万的军人奉令奔赴战场，在鏖战中阵亡。让他们奔赴疆场的决定和命令，绝非出自某种无名无姓的神秘力量，而都是由人做出并下达的。欧洲各国的民众以及如工业家和银行家构成的社会精英集团也并没有做出开战的决定，议会和记者也并未直接参与开战的决定。

在柏林和维也纳，正是那些围绕在中欧两大君主国头戴皇冠的君主周围的小圈子做出了战争决定。在俄国、英国和法国，战争的决定权也在决策者构成的小圈子手中。这些小圈子只是对弗兰茨·约瑟夫一世和威廉二世以及他们小圈子里的谋士们所策划的行动做出反应而已。德国和奥匈帝国的宪法规定，只有其君主才对战争与和平有最终的决定权。就这种意义而言,当他们独断专行时,宪法和法律是无能为力的。但其后果却是地动山摇、血流成河。简而言之,与伦敦、巴黎和圣彼得堡相比较,人们应该更多地在柏林和维也纳寻找第一次世界大战爆发的直接原因。

2. 决策者们应承担的责任

鉴于德奥两国的权力结构和决策环境,人们不禁要问,维也纳和柏林的君主们,以及他们的顾问们是如何看待1914年的世界以及如何估计未来的。

如果对弗兰茨·约瑟夫一世和威廉二世在不同场合的私下谈话和公开表态加以分析,可以产生这样的印象:这二位君主特别具有攻击性并对领土扩张具有强烈愿望。然而在他们战争叫嚣的背后,却隐藏着二人巨大的差异和越来越强烈的悲观情绪。无论是在波西米亚、梅伦地区,还是在巴尔干半岛东南部地区,斯拉夫人争取民族独立的抗争越来越强烈并使奥匈帝国处于分崩离析的危险之中。1908年兼并波斯尼亚后,俄国开始扮演全体斯拉夫人的保护者这一角色。这导致了维也纳和圣彼得堡之间关系的日益恶化。

1914年的形势对德意志帝国也不妙。对抗英国和法国的"世界政治"和军备竞赛政策使威廉二世在世纪之交后日益陷入孤立。但柏林并未就这一形势检讨自身的原因，而是把自身的孤立归咎于协约国"包围"德、奥这两个中欧帝国的威胁性企图。特别是英国和俄国在1907年签署协议从而完成了这一包围圈后，这一孤立便与包围圈画上了等号。内政方面，德国皇帝和哈布斯堡王朝一样，不得不面对如何打压境内日益不满的少数民族问题。但与德皇和其政府所面对的日渐壮大的社会民主党工人运动相比，少数民族的矛盾变得微不足道了。德皇和政府都把社会民主党工人运动看作国内政治方面的严重威胁。

今天我们知道，德国工会和社会民主党（SPD）与其说是推崇革命的，不如说是推崇改革的。然而这并不能祛除政府对他们在投票选举方面所具有的巨大能量的恐惧感。1912年社会民主党在选举中一跃成为帝国议会中最强大的党派并要求实行议会民主制。该党左翼甚至要求对政治体制进行更为激进的改革，要求更改宪法并削减专制君王的权力。德皇和他的顽固保守派顾问们在和平时期对此是绝对不会认可采纳的。

在德国军方眼中，内政外交的这种形势，使帝国的前景黯淡无光。1914年3月3日，维也纳的总参谋长弗朗兹·康拉德·冯·赫岑多夫与作战部部长约瑟夫·梅茨格上校交谈时，提出了这样的想法："我们是坐等法国和俄国装备完毕后向我们发动进攻还是趁早解决这场不可避免的战争？哪一个选项更值得一做？斯拉夫人的问题也已变得越来越棘手，越来越危险。"在一周之前，普鲁士—德意志军队总参谋长赫尔穆特·约翰内斯·路德维希·冯·毛奇发给柏林外交部一份备忘录。在这份备忘录中，他谈及了俄国新的军备规划对德国产生的威胁。

几周之后，德国和奥匈帝国的总参谋长在卡尔斯巴德会晤时都一致认为，时局的发展对这两大军事强国极为不利。回到柏林后，毛奇向外交部国务秘书戈特利布·冯·贾高表达了自己的顾虑。后者在笔记里记载了这次谈话："未来的前景使他（毛奇）心情沉重。在3到5年的时间里，俄国将完成其军备计划。敌方的军事优势将变得如此之巨大，以至于他都不知道我们该如何应对这一军事优势。目前我们还多少能够应对这些敌人。根据他的观点，在我们多少还有获胜可能的时候，除了用先发制人的战略，来一场彻底击败敌人的战争，我们别无选择。总参谋长因此让我来决定，我们的政策是否应该为一场很快就要开始的战争做好准备。"

6周之后，奥匈帝国的王位继承人和他的夫人在波斯尼亚的萨拉热窝被塞尔维亚民族主义者谋杀了。又过了4周，数以百万的年轻人奔赴"一战"战场，他们中的许多人都战死沙场。从萨拉热窝谋杀到战争爆发的这几周充满了戏剧性，为了能够更为充分地了解这几周的具体发展过程，有必要在此提及几个基本要素：

一、如面临重大危机时一样，在1914年6月时，决策层内部就采用何种政治战略和策略，存在着巨大的意见分歧。战争的决定权仅在一小撮决策者手中，而且从来就没人就开战的问题询问过平民百姓，甚至社会的精英阶层对此也一无所知，没有任何风声透露给他们。只有当战争总动员令下达时，各方面才勉强达成了一致意见。但就在这时，柏林和维也纳的"鸽派"和"鹰派"之间仍然存在着严重的意见冲突。

二、决策者们并不知道未来如何，因而也就不能真正认识到自己的决定有什么样的后果。这就导致了他们投机冒险的趋势。这些冒险事后证明是代价高昂的，而且最终都是一些错觉而已。

三、在1914年前的年代，人们还不会在一个棋盘前对各种军事行动如电影脚本一样推演一番,以便检验敌方对我方战略有何反应,从而对这些战略做相应的修正。1914年7月的各种考虑和衡量其实都是一些推测空想而已。这些推测空想大大低估了各大国做出反应的各种可能性。

在这一历史背景下,人们首先关注维也纳的决策。萨拉热窝的刺杀事件,使奥匈帝国的皇帝弗兰茨·约瑟夫一世深感震撼和痛苦,因而人们等待着,看维也纳会对6月28日的事件做出什么样的反应。塞尔维亚民族主义者竟在波斯尼亚首都萨拉热窝刺杀奥匈帝国的皇位继承人和他的夫人,在欧洲谁也不会指望年迈耄耋的皇帝会吞下这枚苦果。那位一直在等待机会的总参谋长康拉德果然立刻表态。他公开宣告,塞尔维亚是萨拉热窝阴谋的幕后推手,因此必须对塞尔维亚实行强硬策略。国防部长亚历山大·克罗巴廷也表示支持总参谋长。与此相反,匈牙利总理斯蒂夫·格拉夫·冯·蒂萨建议保持头脑冷静。他的观点得到了奥地利总理卡尔·冯·史德格的赞同。

年迈高龄的弗兰茨·约瑟夫一世身处鹰、鸽两翼之间。皇帝与他的奥匈帝国外长利奥波德·格拉夫·冯·贝希托尔德一起多次反对鹰派。其原因在于,他相信德国人和罗马尼亚人可能会抛弃陷入困境的哈布斯堡王朝。为了了解确切的情况并尽可能确保获得德国的支持,弗兰茨·约瑟夫一世派遣亚历山大·格拉夫·冯·霍约斯带着写给威廉二世的亲笔信前往柏林。

6月28日后,柏林的决策层也同样分裂成两大派别。总参谋长毛奇和一帮将军组成的阵营力图通过帮助奥匈帝国对塞尔维亚的惩罚性征讨来引发一次更大的战争。上文已提及,毛奇相信只有通过一场战争才能使1915至1916年将发生的,不利于两大中欧王朝的力量倾斜推迟发生。他认为,这种力量倾斜发生后,就不再可能赢得对俄国以及其盟友法国的战争。对萨拉热窝刺杀事件,德皇的反应也是"要么现在动手,要么永远没机会了"。

弗里茨·费舍尔在60年代通过以上提及的这些表述提出了一个论点:德国一开始就打算发动一场世界大战。正如他所撰写的著名书籍的书名那样:德国"抢夺世界霸权"。他认为,德国力图通过一场世界大战来获得对世界的统治权。作者还认为,帝国首相特奥巴尔登·冯·贝特曼·霍尔维格在7月初的几天就代表了德国的这种战略。然而在这本书出版后,新曝光的有关德国战争态度的记录文献,清晰地表现了来自柏林的意见分歧。与毛奇相反,贝特曼代表着一种温和路线。弗兰茨·约瑟夫一世和贝希托尔德似乎也不再打算进行一次针对塞尔维亚的讨伐战争，于是他游说德皇威廉二世，给维也纳出具一张仅支持在巴尔干半岛进行有限军事行动的"空头支票"。

尽管我们没有德皇对此表态的任何记录，也没有德皇与霍约斯商谈的任何记录材料，但德皇在霍约斯来访之后，与军事顾问们进行了商谈。对此还有一系列的报道。根据这些报道，德皇表达了这样的观点：奥匈帝国将对贝尔格莱德发出最后通牒，如果最后通牒的要求没有得到满足，奥匈帝国将进军塞尔维亚。德皇还认为："因为沙皇不会支持这些谋杀皇帝的谋杀犯，而且俄国目前的军事和财政状况也不具备进行战争的能力，所以俄国不太可能为保护塞尔维亚人而进行干预。法国，特别是鉴于其财政状况，也同样如此。关于英国德皇陛下并未提及。"所以德皇传话给弗兰茨·约瑟夫皇帝，奥匈帝国的皇帝完全可以信赖他。威廉二世相信："8天之后随着塞尔维亚的屈服，整个局势就会变得明朗起来。"同时德皇也提出这样的见解："人们还是必须为另外的结局做好准备"，这就是说，鉴于其他列强会做出的反应，首先是对沙皇俄国会做出的反应，人们必须要有风险意识。然而与此相关的材料表明，其他列强会做出反应的风险被当作可以承受的事情而被大大地低估了。

反对毛奇的"鸽派"贝特曼在7月5日这天似乎成功说服了德皇把冲突限制在一个可控的范围内。毛奇只有两种选择，要么同意，要么耐心等候，静观这一战略能否成功。与此相应，柏林最重要的军事指挥人员都去尽享夏季的休假了，德皇本人也登船向挪威方向游弋而去。只有贝特曼和贾高在柏林密切注视着维也纳的事态发展。

3.1914年7月危机的糟糕管制和错误判断

德皇关于巴尔干半岛局势将在一周之内变得明朗的估量，以及德国为奥匈帝国开具"空头支票"的想法，皆建立在这样的预测基础之上：维也纳方面很快会就最后通牒的内容达成一致，如果塞尔维亚拒绝奥匈帝国提出的要求，奥匈帝国可迅速做好开战的准备。但事实证明这两项预测都是错误的。

奥匈双元帝国内部，奥地利与匈牙利之间的矛盾存在已久，从未得到解决。这就导致了哈布斯堡王朝的军队装备低劣，而且其军队只能征召不到29%的可服兵役的民众入伍。一些重要军事单位在1914年夏季允许服役人员放假，以便他们能够回到自己的故乡帮助收割粮食。如果提前召回这些休假的士兵，就会引起俄国和法国的警觉和猜疑，从而破坏与柏林达成的冲突局部化战略。

第二个阻止对贝尔格莱德采取快速行动的误判来自于蒂萨，他反对向塞尔维亚人发出让其难以接受的最后通牒。他认为，维也纳应该先给塞尔维亚人提出一份要求清单，如果贝尔格莱德拒绝满足提出的要求，再发最后通牒。他警告不要让塞尔维亚解体，他本人绝不会同意兼并塞尔维亚，俄国对此也不会袖手旁观。尽管他的同事们完全不赞同他的建议，但大家仍然与蒂萨进行了多次谈判。7月1日，贝特曼十分不安地从维也纳方面了解到了相关情况。两天之后，内阁才通过了最后通牒的草案，各方面最后达成一致，决定在7月23日把最后通牒递交给贝尔格莱德。这样的一再拖延进一步证明了7月初维也纳发生的一切是多么的无序和混乱。

除了收割休假这一意外和蒂萨带来的困难之外，在制订详细计划时，另外一件事情也没有加以考虑：谁也没想到法国总统雷蒙·普恩加莱将在7月20日至22日对圣彼得堡进行一次早已宣布的国事访问。如果最后通牒在他启程回国公之于众,作为同盟者法俄的最高领导人会亲自商讨对此如何回应。为了避免发生这种情况,维也纳等到普恩加莱已离港出海了才向贝尔格莱德递交了最后通牒。

如果把俄法首脑会面及时加以考量,那么又会出现另外一个问题:维也纳和柏林都把目光聚焦在圣彼得堡这个塞尔维亚人的保护者身上,而很少考虑如果俄国插手法国会如何行动。维也纳和柏林都认为巴黎并未做好战争准备,并且也会力图把这次危机限制在巴尔干半岛的范围之内。就是认识到了有俄国干涉的风险,柏林也忽略了这样一个事实:在毛奇制订的军事行动计划中,俄国和法国一直是被看作不可分离的盟友。多年前这位德国的总参谋长就把德军进攻俄国的军事计划束之高阁了。

毛奇继承了其前任阿尔弗雷德·冯·施里芬制订的方案。按施理芬的计划,在东线发生战争危险时,应率先对法国展开攻击。也就是说,如果德国与沙皇俄国发生战争冲突时,首先应该对其盟友法国发动进攻。在西线迅速取得预计的胜利后,再把德军兵力投入到东线,在第二阶段的重大军事行动中打败俄国。这一战略谋划的要点在于,俄国这一"蒸汽压路机"在东线的军事行动迟缓,从而为德军的两阶段作战的计划提供可能性。

对这一两阶段作战的计划所蕴含的风险,这位总参谋长心知肚明。如果在西线对法国的进攻未能速战速决,后果如何?为了保证对法进攻取得迅速的成功,施里芬制订了一项穿越比利时的包抄行动计划。按照这一计划,德军应穿过比利时展开对法国的进攻。与法国东部的洛林根地区不同,法国的北部相对平坦且不设防,这样德军便可在短时间内征服比利时这个撮尔小邦,从北面直捣巴黎。

1832年,英国向比利时承诺,保证维护其中立国地位。而德国的这一战略必然会导致英国插手。然而在7月初,柏林并没有认真考虑施里芬计划可能引起的连锁反应。正如一位德皇的军事顾问在霍约斯来访第二天的7月6日所报道的那样,这位德国君主完全没有提及英国。毛奇在精细地制订其西线进攻计划时,似乎也没有认真考虑大英帝国可能出手干预的可能性。英国皇家海军的强大,使德国海军对进行一次世界大战充满了担心。德皇的海军不可能无忧无虑。7月中旬,当英国在围绕不列颠岛的海域进行战备演习时,这一担忧变得更为强烈。英国舰队列队在斯皮特海德前的海面上驶过,以这种阅兵式结束了这次演习。

对英国人到底持何种态度，有着不同的猜测。7月20日，海军少将保罗·贝恩克与贾高的谈话就表现了这种不同的猜测。本克认为在这件事上，"英国将和其他盟友一起向我们开火。从纯军事的角度看，这本身是一件正确的举动"。贾高表达他的观点时，并未提及比利时问题："英国会静观事态发展，其态度也由事态的发展而定。"这种强调英国人的目的在于"向伦敦表明威胁，如果英国宣告反对我们，我们就将占领荷兰。"这份记录文件留下了这样的印象：原来计划的把危机限制在一定区域的战略14天之后便搁浅了，事态的发展超出了贝特曼以及其外交人员的掌控。

当维也纳的最后通牒递交给贝尔格莱德后，事态发展趋势便十分清晰明了了。7月25日，俄国明确表示，不会听任塞尔维亚被毁灭。俄国外交大臣谢尔盖·沙查诺夫强烈要求给德、奥一个清晰明了的回答。沙皇一方面要求将领们保证做好战争准备，另一方面又寄希望于找到一个和平解决危机的方案。当奥匈帝国指责贝尔格莱德没有满足最后通牒提出的条件而于7月28日进攻塞尔维亚时，各列强卷入这一危机就成为历史的必然了。在这期间，威廉二世、毛奇以及其他的军事顾问们已经从休假中归来。他们立刻确定,贝特曼在 7 月 5 日制订的计划已告失败。于是他们力求与俄国和法国算一次总账,对冲突来个一劳永逸的彻底解决。德皇和他的将领们在萨拉热窝刺杀事件前就把与法、俄的对决看作迟早要发生的事情,7 月 5 日只是稍加迟疑地暂时搁置在一边而已。

此时的贝特曼十分绝望,但仍然试图通过各种外交手段来避免这场即将来临的世界大战。但是,他所制订的方案遭到了失败,而就算他的努力真的受到重视的话,他本人在德皇决策者圈子里的地位已大为削弱,其意见已无足轻重。贝特曼转而从事另外一项工作:努力使德国民众支持德皇的决定。在向萨拉热窝发出最后通牒后,不仅在西方世界,甚至在德国人们中间都产生了维也纳是战争的发动者的印象。随后,在德国的不同城市都出现了针对哈布斯堡王朝的和平示威活动,各地方的工人运动也参加了这些示威活动。

帝国领导层对这些抗议活动深感忧虑,于是在贝特曼和内政国务秘书克莱门斯·冯·德尔布吕克领导下,开启了与社会民主党右翼领导人的商谈。贝特曼和德尔布吕克故意掩盖了事实发展真相,而是向社会民主党右翼领导人描绘了一幅俄国即将展开对无辜德国攻击的黑暗图景。德尔布吕克十分清楚，德国工人阶级绝不会同意德国发动一场侵略战争，但却可以动员起来参加一场反对沙俄专制主义、保家卫国的爱国主义战争。在 7 月的最后几天里，柏林抢先公布了俄国的战争动员令，这对德国而言尤为重要。德国在 7 月 31 日向沙俄发出最后通牒，要求沙皇在 24 小时之内撤回战争动员令。当俄国的战争动员令传到德国，而沙皇也拒绝回复德国的最后通牒时，德皇威廉二世在 8 月 1 日下午签署了德国战争动员令。这是一个让人热泪盈眶的戏剧性场面。事态的这一发展顺序，给德国普通百姓造成了俄国人是侵略者的印象。了解内幕详情的德国海军大臣这天在他的日记中写道："气氛棒极了！在把我们表现成被侵略者这件事上，我们的政府做得太英明了。"

毛奇的部队展开了入侵法国和比利时的军事行动，随后的 8 月 4 日英国参战。带来大规模惨痛伤亡的第一次世界大战拉开了序幕。

第三章
"上层社会"的第一次世界大战：战略、外交和目的

第一次世界大战主要是由柏林和维也纳的一小群决策者引发的。在拙劣地应对了萨拉热窝危机之后，德国和奥地利匆忙卷入了与其他列强的战争。本章将阐述各参战国决策层的观点。此外，各精英群体和社会组织，如政府官员、政党、农业和工业企业、工会等，都被纳入到了决策过程中。本章除决策层的观点外，也将阐述这些群体的观点。在下一章中，我们将转向下层社会如何看待战争的问题，如前线士兵和后方民众是如何经历了这场战争的。

1. 将军们

每场战争都会给军事领导人的肩膀上压上沉重的担子，他们的决策决定了无数士兵的生命。他们在战略战术上的一着棋，对战役或战争的结局有着决定性影响，其结果可以是辉煌的胜利，也可以是可耻的失败。

在全民动员和工业化时代，战争日益变得全面化。战争使将领们和陆军元帅们不得不面临大量的问题和各种两难困境。过去他们从未遇见过这些问题和困境，因而也就不知如何解决这些问题、如何摆脱这些困境。当战争爆发后，出现了很多史无前例的情况，因而必然会发生严重的错误和根本性的误判。一些军人在1914年前就预感到列强之间的战争不可能赢得胜利。赫尔穆特·卡尔·贝恩哈特·冯·毛奇[①]曾作为总参谋长指挥德军打败了拿破仑三世。在其耄耋之年通过深邃的洞察和思考得出了这样的结论：维护和平是所有欧洲国家决策层最首要的任务。根据他的观点，在未来，再也不会有民族解放战争了。

---

① Helmuth Karl Bernhard von Moltke，赫尔穆特·卡尔·贝恩哈特·冯·毛奇，1800—1891，史称老毛奇。

然而，整个德国军官团的教育和培养都是围绕着民族解放战争展开的。为了使这种教育不会变成一个荒唐的矛盾，只有一种办法来摆脱这种进退两难的困境：凡是进行战争，都必须打闪电战，在投入所有的力量和运用一切手段后，迅速赢得战争的胜利。如果未能及时赢得决定性突破，而是使战争变成了消耗战，那就会必败无疑了。就算是战争的胜利者，最后也会变成失败者。

正是出于这样的原因，被形容为铁锤敲击的闪电战成为德国历任总参谋部的座右铭。这也使他们不愿接受老毛奇维护和平的方案。用这一铁锤敲击，不仅可以消灭敌方的军事力量，还可以极大地削弱其经济能力，以确保胜利者的长期优势地位。法国人称这种闪电战为"突然袭击"。德国人力图在几周时间内击败法国，然后在东线开始攻击俄国的第二轮闪电战。奥匈帝国在巴尔干半岛也遵循同样的战略。甚至英国人也相信，只有猛烈的进攻才能确保赢得胜利。由此可见，欧洲各国的将军们都在幻想短期战争。正如美国历史学家兰希·费偌所说的那样，20世纪是现代科技成果，如机关枪和火焰喷射器的发明和运用，以及大规模战争动员的时代。在这一时代，这些将军们的战争方案已显得过时。他们或许也已模糊地预感到了这一点。

随着机关枪和火焰喷射器投入战斗，防御者的战斗力获得了极大的提高。1914年前，法国将军斐迪南·福煦还认为机枪是用于进攻的理想武器，后来西线的战斗恰恰证明了相反经验事实：用机枪可以十分有效地击退敌方的冲锋。

另外一个例子：虽然德军在1914年入侵比利时时，寄希望于速战速决，并通过野蛮粗暴的手段使这个小王国迅速投降。然而受到攻击的对手却在列日（比利时东部）进行了防御狙击战，其卓有成效的效果远远超出了小毛奇的设想。同时，敌方根据17号计划通过洛林向阿尔萨斯发动反击进攻以威胁德国西南地区。但这一进攻也很快陷于停滞。约瑟夫·霞飞将军的法军部队遭受到了惨重伤亡，最后于1914年8月25日撤退了。当8月底德军从北面开始直逼巴黎时，这支部队又手忙脚乱、慌乱无比地投入到保卫法国首都的战斗。

然而正是这支部队，却在后来的几周里挫败了毛奇的战略目的。8月29日，在圣布当东部的吉斯，第一场战斗打响了，4天之后德军部队打到了马恩河畔。法国政府撤离巴黎，在波尔多省建立了政府的临时驻地。9月4日，马恩河战役拉开了帷幕。就在这时，发生了法国人眼中的"马恩河奇迹"：毛奇下令停止进攻并把部队撤回到地形较为有利的埃纳河河畔地区。这一决策的原因如下：因为俄国人以比他预计更快的速度完成了战争动员并对德国和奥匈帝国的领土产生了威胁，毛奇不得不把部队派往东线。这样，巴黎北部聚集的法国兵力便显得十分庞大，而德军却因要对付比利时的强烈抵抗而变得筋疲力尽。

小毛奇的决定意味着德军在西线的闪电战宣告失败。法军后来对德军在埃纳河展开的反攻被击退了，协约部队国由西向北包抄德军阵地的企图也失败了。10月18日，德军对在伊普尔以北的英国远征军发动了最后一次进攻，但也未能取得突破。在这些战斗中，数千德国大学生志愿兵魂断疆场。开战后的前两个月，双方伤亡人数就达三百五十万人。随后阵地战开始了，阵地战的目的在于消灭敌方，但制胜的法宝在于耗尽敌方的力量。

只要阵地战持续数年以上，这种消耗战战略也会给自身带来消耗殆尽的危险。这样的矛盾解释了为何各军队的领导人都试图在不同的前线地段反复发动大规模的进攻，以期获得决定性突破。通过这种反复大规模进攻，迫使敌方撤退和投降。

1916年夏季的索姆河战役为这种战争形式提供了

一个令人印象深刻的例子。关于这场战役我们将在后来的章节中从普通士兵的视角再次加以阐述。在此特别需要强调的是，参战各方的考量都充满了冷酷无情。如英国将军道格拉斯·黑格就准备让数十万军人走向死亡。这场战役记载了各国军事领导人的固执和冷酷。当黑格下令在洛斯地区进行这场伤亡惨重的战役时，他也证明了自己钢铁般的坚强意志。毫无疑问，所有参战者的神经都绷紧到了极致。在那些指挥人员中，有的人在一段时间里神经崩溃了，如毛奇和他的后继者埃里希·鲁登道夫。

过分自信常常就是巨大的缺陷。众所周知，这场战役造成了大规模阵亡，而这些将领们对此负有责任。然而，当他们事后回忆此事时，却都心安理得，从无不眠之夜，把各种责任都推到别人头上。此外，前线一再出现了反对让那些年轻士兵无谓牺牲的抗议，这些将领们严厉镇压了这些抗议活动。1918年初，很多抗议活动演变成了士兵哗变。1918年，鉴于军队领导人太多的错误决策，敌对双方的士兵们都很想投降了。全靠新进参战、士气高昂的美国军队赶到了西线，从而帮助协约国军队阻止了德军在年初展开的最后的绝望攻势，从此局势向不利于德国的方向转变。

拙劣计划和糟糕执行的另外一个众所周知的例子是，协约国在1915年初展开的攻击土耳其的达达尼尔海峡战役。这次军事行动也结束了英国年轻的温斯顿·丘吉尔的海军生涯。沙俄军队与土耳其军队在高加索的战事中陷入困境后，协约国试图通过这一战役减轻沙俄的压力，同时从东南方向打破西线的僵局。出于这样的目的，英国和法国在1913年3月组建了强大的海军联盟，为了在加利波利半岛登陆而集结了50万人的部队。英、法舰队试图打通通往黑海狭窄水路的企图在3月中旬就在土耳其的水雷区域遭受到重创，大量船只被炸沉或受损而不能操控。

这时，协约国已经登陆的部队在海岸边遭到了防守者的顽强抵抗。在澳大利亚和新西兰部队投入战斗的"澳新军团海湾"，战事尤其血腥残酷。

协约国军队在那里建立了一个桥头堡，但土耳其军队成功阻击了协约国部队进一步向前推进。随后，土耳其军队又发起了反攻，迫使协约国部队后撤。滞留在陡峭的海岸边的士兵们，其境况让人深感沮丧。共有三万四千澳大利亚和新西兰军人阵亡，土耳其方面则损失了二十五万军人。尽管损失惨重，但土耳其还是为赢得了战役的胜利而欢欣鼓舞。如果人们追问协约国这次战役失败的原因，除了土耳其军队坚定的防守决心之外，指挥官的无能首当其冲。在这一军事行动中，指挥官们没有进行有效的协调，并且未给自己的部队以正确的装备。

在加利波利战役期间，平民的伤亡和境遇很少引起同情。土耳其领导层下令对亚美尼亚人实施大屠杀，以确保土耳其在近东的地位。这一暴行十分清晰明了地表现了这样一个事实：随着战争的全面化，原本前线与后方的区别在1915年就不复存在了。这一案例也表明，两条战线完全可以联系在一起。

在安纳托利亚和与之相邻的俄罗斯，居住着信奉基督教的亚美尼亚人。早在19世纪90年代，那里就发生了针对少数民族的流血冲突。这些冲突部分是由穆斯林神职人员所策划煽动的。这些民族矛盾甚至持续到了战争爆发的前几年。根据德国外交人员在土耳其参战后发回柏林的有关这位盟国的报告，土耳其政府早就考虑通过这场战争同时解决亚美尼亚问题。由此可见，1915年初重新开始的对亚美尼亚人的迫害和谋杀绝非偶然事件。当然，土耳其政府感觉自己被敌人所包围也是这些事件的直接导火索。在西边，协约国入侵达达尼尔海峡。在东北方向，俄国境内生活的亚美尼亚人与沙俄军队联手，开始威胁在安纳托利亚的土耳其人。

这样，在保卫加利波利半岛的同时，奥斯曼帝国内部开始逮捕亚美尼亚人的领袖人物，而这又很快扩大成为一场种族屠杀。在军队的组织策划下，男女老少被赶出了自己居住的村落和城市，他们被驱赶到美索不达米亚的荒漠之中。在这一过程中，至少五十万人因疾病和恶劣的气候条件而命丧黄泉。残忍的大屠杀伴随着这次驱离行动，大量妇女被强奸，然后被杀害。难以描述的苦难笼罩在被驱离者的头上。有的人只好通过皈依伊斯兰教才获得了幸免。一百五十万遇难者中的大多数都死于暴力、饥饿和疾病。

在叙述西线和奥斯曼帝国发生的这一切令人发指的事态发展过程时，不应忽略这样一个事实：尽管东线进行的更多是运动战，但将领们仍然指挥军队进行着一场肆无忌惮、人员伤亡惨重的战争。毫无顾忌地投入军事力量以及因充满矛盾的指令所引起的混乱，导致了俄国和奥匈帝国极大的人员伤亡。数十万毫无战斗经验的新兵阵亡，有的身负重伤后死去，有的在战俘营里艰难的环境下撒手人寰。在东线，这样的军事灾难不断重演。

与西线相比较，东线战争的灾难性还表现为，数目更为庞大的平民百姓，包括妇女、儿童和老人，都被卷入到了运动战之中。1914年，只有身处前线的法国居民被迫逃离家园，其他的法国民众仍然居住在他们熟悉的故乡，只是其生活境况不断受到战争带来的物资匮乏的困扰而已。然而在东线，村庄和城镇的居民境遇则大为不同。在那里，交战区域广阔，前沿阵地多次向前推移，然后又被重新夺回。由于进驻部队对当地居民财产反复征缴，使民众的财产被剥夺一空，严重威胁到了他们的生存。用作战地区的资源来提供部队的军粮，其最严重的后果之一便是饥荒。军官们不仅同意征缴民间物资，甚至还下令这样做。然而，这样的战争方式在东线却毫无成功，东线的将军们和西线的同僚一样，智穷技尽，束手无策。他们的无能致使俄国在1917年崩溃了，奥匈帝国实际上在1918年秋季前就已经处在毁灭的边缘了。

2. 中立和结盟政策

1914年，中欧两大君主国曾幻想在当年圣诞节赢得这场由他们策划挑起的闪电战。然而事实证明这场闪电战已经失败了。直到1918年，战争双方都不能取得决定胜负的突破。这一切使将领们在思想和行动上更加野蛮残忍。随着僵局的长期持续，决策层深感沮丧，但另外一方面，不屈不挠的强硬精神却在精英阶层中蔓延开来。战争费用已日益增加，数目已大大超出想象，这便使政治高层圈子和经济界在"一战"的下半段时间更加支持制定更具掠夺性的战争目标。

在进一步表述这一历史发展前，需在此讲述另外两个"社会上层"关于战争的观点。这两个观点都与外交有关，但在后来有关战争目标的讨论中被日益边缘化了。战争的爆发并未使外交活动陷于停顿。在战争初期阶段，设法把中立国拉入到自己的阵营是外交的首要任务。在这一过程中，展开了紧锣密鼓的外交谈判。奥斯曼帝国、意大利、保加利亚、罗马尼亚和希腊都处于必须选边站队的压力之下。

1914年7月18日，恩维尔·帕夏在巴黎为精疲力竭、虚弱不堪的奥斯曼帝国借款的谈判无果而终。在这样的情况下，要把土耳其人拉入中欧列强同盟国的阵营就不需要什么高超的说服艺术了。当英国人在8月1日没收了两艘即将下水的土耳其军舰后，伊斯坦布尔投向柏林一方便指日可待了。4周之后，一艘从德国购入的土耳其战舰炮轰了俄国的敖德萨，作为回应，彼得格勒（以前的圣彼得堡,开战后改称彼得格勒）向土耳其宣战。

随后，土耳其也宣告开始对法国和英国进行一场讨伐异教徒的护教战争。

保加利亚早就与同盟国和协约国这两大敌对联盟进行了谈判。但到了1915年10月，保加利亚还是加入了同盟国并在该年年底与同盟国一起占领了塞尔维亚。在和罗马尼亚的谈判过程中，协约国做出了一系列领土方面的允诺，经过多次反复之后，罗马尼亚终于在1915年8月与伦敦、巴黎和圣彼得堡达成了秘密协议，随后，罗马尼亚向哈布斯堡王朝递交了宣战书。对此，德国、保加利亚和土耳其则以战争加以回应。1915年12月布加勒斯特被攻占。

1915年最耸人听闻的事件是意大利的态度。尽管早在1882年意大利就加入了同盟国联盟，但在1914年8月3日却宣告中立。意大利欺骗并愚弄了柏林和维也纳。两大敌对联盟都允诺意大利人，支持其领土扩张，以便把意大利拉入自己的阵营。对柏林而言，最为重要的是让意大利保持中立，而协约国则希望意大利成为盟友。在协约国十分慷慨大度的允诺满足了意大利的领土扩张要求后，意大利与协约国签署了一项秘密协议，协约国实现了自己的愿望。4周之后，罗马向哈布斯堡王朝宣战。

外交活动的最大目标是美利坚合众国,而协约国赢得美国的支持对战争的胜利有着决定性影响。尽管说德语的美国人在数量上是最大的移民群体,也存在着许多文化联系,美国总统威尔逊还是在1914年8月宣告美国保持中立。此后,英国人一直努力拉拢美国加入协约国阵营,而德国外交则力图让美国保持中立。德国要进行海战,因而要美国保持中立并非易事。

1915年初,德、美两国关系骤然紧张起来。1915年5月7日,一艘德国潜艇击沉了一艘英国轮船"路西塔尼亚"号,几乎有1200名乘客遇难,其中124名是美国人。美国向德国提出抗议,要求德国必须尊重国际法。在1916年3月和5月又有一些美国人葬身大海后,贝特曼才开始认真对待美国的抗议。当威尔逊威胁要断绝外交关系时,帝国领导层才把潜艇战控制在国际法允许的范围内。贝特曼似乎想让美国人起到一个和平中间人的作用,这一让步可能正是出于这样的考虑。总统威尔逊也的确一再把美国看作为一个和平中间人。

1917年1月3日,德意志帝国首相接受了由美国提出的秘密谈判的建议。几周后英国也向威尔逊发出了准备谈判的信号。与这一类和平努力相契合,年初维也纳也向英国发出了秘密谈判的建议。然而,德国的强硬派自1916年夏季就强力推动的针对英国的无限制潜艇战，而随着无限制海战的重启，所有和平谈判的接触都化为乌有。当1917年2月1日德意志帝国海军又开始实施无限制潜艇战后，美国在当月就断绝了与德国的外交关系，从而完成了加入协约国一方参战的重要步骤。

无限制潜艇战的实施表明了海上战争的全方位展开。早在1914年前，欧洲各列强的海军都共同拥有这样的战略理念：使用大量的战舰来进行一场不惜一切代价的速战速决的歼灭战，使大国间海上力量的平衡在一个下午就倒向自己这一边。然而，两大中欧帝国的海军一直处于劣势，第一次世界大战仅有一次，并且是在很小的程度上发生过这样的海战：1916年5月31日，德国皇家海军与英国皇家海军在斯卡格拉克海峡打了一场遭遇战。英国皇家海军很快就展现了自己的战略优势，德国海军不得不迅速撤离，终止了战斗。从此之后，德国舰队一直无所事事地停泊在威廉港内。建造德国舰队耗资巨大，并为1914年前国际关系的恶化出力不少。事实证明，打造这一投资不菲的海军是一个巨大的战略错误。

这时德国人突然发现，更为便宜的潜艇却是攻击英国商船的锐利武器。在1916年拨款延期以及与陆军最高领导人激烈争斗后，德国战争统帅部的代表人物决定重新恢复用中立国无辜国民和乘客的生命去冒险的决定。他们认为，对商船不加区别和不加警告进行鱼雷攻击，可以使英国人屈服。前几个月击沉商船的数量证实了海军司令部的预计。仅在1917年4月，协约国就损失了90万吨位的货物。但英国并未投降，而是采用了反制措施，开始实施护航舰队护航体系，战舰为行驶在大西洋上的货船护航。这样一来，德国潜艇成为被追逐、猎杀的对象。与此同时，英国把原来闲置的土地和牧场开垦为种粮食的土地，这样德国准备饿死英国人的打算落空了。

　　无限制潜艇战的后果使德国人在外交上更为不利。无辜平民的死亡使美国公众的意见越来越反对德国。美国国会于1917年3月1日同意威尔逊提出的武装美国商船议案，这也是一个水杯满了就要溢出的信号。在国会表决通过这一提案后，发生了另一事件：德国外交部发给驻墨西哥大使的电报被公之于众。电报指示德国大使说服墨西哥与柏林结盟反对美国。这封所谓的齐默曼电报进一步导致了公众舆论的转变。两周之后，若干美国商船被一艘德国潜艇不加警告地击沉了。4月6日华盛顿向德国宣战。

3.经济界精英、战争目标和国内政治

参加世界大战的各国军事领导人都是由一个很小的圈子构成,而这个小圈子总是力图以军事胜利来结束这场战争。外交人员和政治家则构成了一个较大的圈子,这个圈子力图通过与盟国和中立国的谈判来对战争的结局产生影响。在这个圈子里,经济界和教育界的精英人物们起着重要作用。当战争爆发时,各参战国甚至没有为一场短期战争做好准备,更别说一场长期战争了。德国议会在1912年和1913年通过了两大军备草案,从而使德国在纯军事的意义上比其他国家更为完善地做好了战争准备。根据加拿大历史学家贺尔格·黑尔维希的观点,维也纳甚至没有对小得多的塞尔维亚进行大规模军事行动的能力。法国和俄国的军备计划应该到1915年和1916年才能完成。英国尽管拥有一支职业海军,但没有实行普遍义务兵役制,因而其军队规模很小。

如果说战争的军事准备并不顺畅的话,战争的经济和财政供给则更为糟糕。鉴于德国的地理位置,德国人早已预料到其原材料供应通道一开战就会被英国和法国

切断，但德国也并未能按部就班地准备战争。就算有几艘德国舰只出现在非洲和亚洲的英、法殖民地的海岸前并引起了一些不安，但只要潜艇战尚未真正开始，拥有庞大殖民地的协约国在物资供给方面基本无忧。

俄国很少依赖外界的物资供应，但俄国的军工生产十分落后，因而其军事装备远远不能适应一场现代战争的需求，这一点与奥匈帝国极为相似。落后的军工生产能力使落后的俄国和奥匈帝国的军队装备落后、供给恶劣，如描述的那样，两国军队在东线战场都遭受到了惨痛的失败。

协约国在1914年秋季开始的封锁迫使德国先于其他国家将本国经济和科技投入到为战争服务的需求之中。

正是出于这样的认识，德国的企业家和教育界精英人物都投入到为前线作战部队的后勤保障，以及为赢得胜利而进行的社会组织工作之中。在炮弹生产方面，两位化学家弗里茨·哈伯和卡尔·博施成了苦难中的救星。协约国切断了由智利进口硝酸钾的供给通道后，两位化学家发明了合成硝酸盐，从而使继续生产甘油炸药成为可能。如果没有这项发明创造，同盟国在1915年初就会陷入没有弹药的境地。

工业界很早就意识到了，这场战争需要工业界目标明确的合作。各国工业界都致力于维持或提高产量并为战争投入一切力量来表达自己的爱国主义精神。德国通用电气公司总裁瓦尔特·拉特瑙很快赢得了一个关键性位置。在他的敦促下，1914年秋季德国为那些对战争有重要意义的企业实行了原材料配给政策。在法国和英国，农业和工业的企业主们也与政府的相关部委协同合作，做出了与德国同样的努力。

随着战事的展开，人员伤亡和物资损失也随之而来。为了确保生产得以持续，政府对劳工市场的管控以及与工会的合作就变得十分必要了。罢工是"一战"时一个政府最难承受的事情。在各个国家里都出现了大量战争组织工作方面的革新。而这些革新导致了国家、经济和社会日益增长的中央集权化。这一中央集权化使来自高层的战争领导可以在更广泛的意义上，更为深入地影响到国内政治生活的各个层面。和军事领域的将军们、国际关系领域的政治家以及外交官一样，经济界的精英们用他们的专业知识和工作能力全力以赴地投入到了战争之中，为自己国家的胜利贡献力量。

战争使财政和税收专家们面临一些特别棘手的问题。物价上涨是首要问题。从前军事供给只占经济和财政的很少一部分，但随着战争的爆发，国家对战争供给的需求立刻飙升。政府当局力图抑制工业、农业和商业等行业物价的上涨，但事与愿违，通货膨胀根本不可阻止。军需物资的需求和生产向军备转向，使得食品以及消费品日益紧缺。民众生活的需求不断推高物价，越来越多的民众面对升高的物价失去了购买力而陷入了贫困之中。

一个不可回避的问题是，国家如何支付购买武器的开销。购买武器对国民经济而言不具有任何生产性价值。根本上说来，所有参战国有三种可能的方式来支付购买作战军火的费用：高赋税，把战争的负担压在国民的肩上；发行国债，扩大国家债务，把偿还的负担推卸到下一代人身上；动用黄金储备。每个国家都按不同的比例使用了这些手段。

各大国为战争发行巨额国债和大量动用黄金储备清楚地表明了，战争使欧洲人的财政能力遭受到了多么严重的削弱，而美国和日本却大获其益。德国和奥匈帝国的黄金储备分别以负一亿两千三百万马克和负五千五百万马克而位于这个谱系的最下列。美国和日本的黄金储备则分别增加了一亿两千万马克和一亿八千万马克。英国负四千二百万，法国负两千五百万，意大利负一千九百万，三国都成了负债国。而在1914年，这三个国家的财政都曾经是处于收入大于支出的盈利状态。

税收和借贷政策最为清楚地说明了为何无论是社会底层还是中产阶级都深受其害。1918年的战胜国和战败国在这一点上情况一样，只是损失的多少有所不同而已。1914年前德国的所作所为就已经具有借债性质。国家一再通过举债来为财政支出，特别是军备支出提供资金。从1900年到1913年，帝国债务从二十二亿九千八百万马克上升到了接近五十亿马克。通过税收政策，国家财政的主要负担越来越多地转向了消费税，而消费税的提高直接伤害了低收入人群。富有阶层，特别是保守的大地主们坚决反对提高直接税（遗产税和所得税），尽管1912年至1913年的军费草案使军费大为增加，但消费税与所得税以及遗产税之间的比例调整却一再被推迟。

威廉皇帝的税收政策早在1914年前就激化了国内矛盾，工人阶级反对提高消费税，而富有阶级反对改变直接税比例。帝国领导层力图在战争期间尽可能避免这种矛盾冲突的延续和发展，因此战争借款成为国家财政政策的重点。购买战争国债既具有号召发扬爱国主义的感召力，又可以满足购买国债获利的贪欲，因此，国债当时极具吸引力。人们用金币购买国债以支持战争，希望不久可以从国家那里获得较好的利息,连本带利重新获得自己的金钱。我们可以看到,德国政府因战败既没有也无法兑现自己的承诺。魏玛共和国则通过大规模货币贬值来摆脱前朝遗留下的债务。

法国人实行了和德意志帝国相似的财政和税收政策。作为1918年的胜利国,法国强烈要求用赔款来清还战争借款。英国则早在1914年前就实施了税率累进制。尽管直接税相比较而言仍然数目很小,但毕竟有了一个开端。用这些税收可以支撑战争的开销而不必像德国那样依赖政治上很成问题的战争国债策略。即便在战后,战争财政政策引起的社会矛盾在英国也并不激烈。但战争财政政策在法国引起了其外交政策的极端化,在德国则直接威胁了战后政治体系的生存。尽管战争的后果是严重、深刻的,但英国借助其在19世纪积累的财富以及政治和经济精英群体的努力,使战争的恶果可以在很大程度上得到缓解。

在对民众进行战争的精神动员方面,也可看到教育界部分精英群体的身影,这也从另外一方面体现了战争的全面化。大量知识分子和记者致力于用乐观主义的情绪鼓舞或巩固本国的士气,同时通过对外宣传手段打击敌方的士气。在各参战国里,他们发表爱国演说,用报纸和杂志来为国服务。

从天主教和路德教这两大基督教教会的领导层到一般的牧师、神职人员都在这一精神战中起了重要作用。教堂里的布道坛上不时响起了加以宗教掩饰的沙文主义言辞。

总体而言，在宣传领域，协约国比中欧两大君主国更卓有成效。这首先源于政府和人民的代表与广大民众保持联系的能力。协约国的领导人物，如法国的乔治·克列孟梭、英国的戴维·劳合·乔治和美国的威尔逊都具有强大的个人魅力。在危机爆发的时刻，他们可以较为容易地找到正确的话语来表达自己的观点。反观同盟国领导人，他们是贝特曼这位来自霍亨菲诺的悲观主义哲人，已耄耋年迈的弗兰茨·约瑟夫，早已成为幽默杂志中滑稽人物的威廉二世以及笨拙的保罗·冯·兴登堡，1917年后他成为德军统帅部总指挥和一个隐秘无声的独裁统治的代言人（根据加拿大历史学家马丁·基钦的称谓）。这些人在语言表达上远逊色于协约国领导人。

在经济界和教育界，战争目标很早就是一个话题。人们寄希望于战争以胜利告终。

就法国和英国而言，可以说两国的战争目的混淆不清，两国间也没有为一个共同的战争目的而相互协调配合。随着美国站到协约国一边参战,情况变得更为复杂了。尽管如此,所有协约国成员都坚定地遵守1914年9月初做出的承诺:绝不单独签署停战协议,只要协约国其他成员没有表决就绝不进行和平谈判。1917年10月布尔什维克才从这个阵线中分离出去。不可忘却的是,一些国家在获得了允许其进行领土扩张的允诺后才加入了协约国的阵营或才保持中立。而在1919年巴黎和会缔结和平的谈判桌上,这些国家的要求却与现实和列强的地缘战略发生了矛盾冲突。

尽管英、法两国的战争目标缺乏清晰性和协调性,但这并不妨碍两国制定出一系列的要求。防止来自东面的再次入侵,确保绝对的安全是巴黎最为关切的事情。1817年失去的阿尔萨斯必须重归法国,通过建立一批附庸的小邦国,可把边界推至莱茵河畔。法国军方甚至想把德国分解为九个区域。高额的战争赔偿费也是法国人念念不忘的事情。法国人对德国在1871年强加给巴黎的战争赔偿记忆犹新,而且重建被摧毁地区以及给战争造成的伤残者、寡妇和孤儿的抚恤金也都需要资金。1917年12月巴黎决定,在东欧建立一条设防区,以阻止德国在东面的再次扩张。

与法国相反,英国在欧洲大陆无任何领土方面的野心，但英国在夺取德国海外殖民地和奥斯曼帝国的领地方面却决不手软。对英国人而言，重建比利时的领土完整是理所当然之事，也是把普鲁士—德国军国主义一劳永逸地关进笼子的必要之举。为了配合这一目的，1917年英国提出了重建塞尔维亚和波兰的建议。1918年1月，英国首相劳合·乔治扩大了这一清单的内容。清单允诺给奥斯曼帝国和哈布斯堡帝国境内的各民族以更大的民族自决权。意大利在1915年加入协约国阵营时，协约国同意将南蒂罗尔地区、特伦蒂诺地区、的里雅斯特周围地区、达尔马提亚海岸、北阿尔巴尼亚和多德卡尼斯群岛划归给意大利。

1904年沙皇俄国在日俄战争中战败，从此俄国放弃了一度积极推进的远东扩张计划。1907年俄国与英国签订结盟协定，这也意味着两国就中亚和南亚的利益范围达成了一致。在这之前，伦敦深感沙皇在这一地区扩张野心的压力。在此之后，尼古拉二世便把注意力转向西南方向，致力于获得一个通往地中海的通道。获得这一通道是沙俄多年来的梦想。俄国和土耳其的矛盾冲突在1914年末演变为一场战争。沙皇寄希望于协约国取得胜利，这样就可以从奥斯曼帝国那里夺取大片领土。当1917年俄国已处于革命的动荡之中时，俄国的上层人物们仍然没有放弃向西南扩张的梦想。当年2月，由下层民众选举产生的苏维埃要求立即停战，实现无领土扩张和战争赔偿的和平。而时任沙俄外长的巴威尔·米留可夫则用含混不清、模棱两可的话来回答有关盟国义务和战争目标的询问：对战争感到厌倦的广大民众拥戴苏维埃，而出于来自苏维埃的压力他必须辞职。

哈布斯堡王朝领土扩张的欲望相对较小，其目标仅在与俄国交界的东北地区和与意大利交界的南部地区。哈布斯堡王朝也要求巴尔干地区的国家重新划定边界。与之相反，德意志帝国则制订了野心勃勃的领土扩张计划。柏林的计划较少关注海外殖民地的扩张，而是要在欧洲大陆建立一个"不被封锁的空间"。

德国殖民地扩张计划的根源，可回溯到1914年"一战"爆发前的时代。1911年和1912年间，威廉二世的"世界政策"彻底失败，抢夺大量海外殖民地的梦想也随之破灭。对此的认知，也构成了德国要建立欧洲大陆殖民地计划的原因。在这之后，德国军备政策的重心不再是力图建立一个海上军事强国，而是致力于建立一支强大的陆军，而从前陆军建设一直是位于海军建设之后的。这一政策转换也使德国外交政策的目光投向了东方和东南方向。这些区域主要都是一些农业国，经济上使这些国家成为德国这个"非正式的大帝国"的一部分,是德国想要达到的目的。此外,1914年前在军界领导人和普鲁士保守派人士中,吞并这些地区的声音甚嚣尘上。

威廉·格勒纳将军1914年前曾任总参谋部铁路运输部主任,在战争期间任作战部领导。1919年他回忆当年并对德国那时的考量做了如下总结:"其实我们在大陆政策确定前就已经无意识地开始了对世界霸权的追逐,当然,我只能在最紧密的小圈子里说这话。但只要对事情从历史的角度进行清晰的观察,就不会对此有任何疑问。"提尔皮茨在1915年就把大陆战略作为主要目标,这样的判断也是"大量军人和右翼派别的观点"。如果说德国人"推行的是强权政治,那么这种强权政治也是大陆政治。必须先打垮大陆上的敌人,为此一切都靠陆军。世界政策和海军政策被误导了,我们为海军投入了过多的精力"。

在对威廉二世的世界政策的历史背景以及对德国在欧洲大陆的计划做进一步回顾、分析之前,还必须对德国农业的上层人物在战争爆发后所制定的内容,广泛的兼并计划加以描述。1914年8月和9月,贝特曼收到了大量有关在欧洲东部和西部进行领土扩张的意见书。帝国首相期待在西线能取得速战速决的胜利,并于9月

9日将这些意见在一份备忘录中总结成为一些领土吞并规划。根据他的想法，卢森堡和比利时东部应并入德国，把比利时其他部分变成德国的附庸国。此外，德国还将吞并法国龙韦—布里埃地区的重工业区。备忘录计划建立一个由德国领导的、包括所有西欧国家、斯堪的纳维亚国家和波兰的关税同盟。

最初，柏林方面还想将波兰交由哈布斯堡王朝统治，但自1916年起贝特曼就改变了主意，打算把波兰变为德国的附庸国，从而可建立一个"边境带"以防备俄国。帝国首相这份九月备忘录名闻天下，同时也声名狼藉，这份备忘录不仅回答了经济界的意见书，同时，也是对极端民族主义的"大德意志联盟"所提出的战争目标声明的回应。在8月28日发表的战争目标声明中，"大德意志联盟"要求从俄国那里兼并大量领土。影响巨大的"大德意志联盟"的这份声明让帝国首相满心不悦。对他而言，德国战争目的的公开辩论是无论如何都必须避免的事情。帝国首相正确地预感到了这样的辩论会干扰甚至破坏国内的政治和平。战争开始后，政府费了九牛二虎之力才与社会民主党人和工会这些产业工人的领导组织达成了这种国内政治和平。

实际上，战争目的这一问题最为清晰地勾画出了德国国内政治和军事间的相互依赖性。当战争刚开始时，所有参战国都十分谨慎地处理战争目的这一问题。首先，当政的政治家们不愿为不知何时才会到来的和平缔结而束缚住自己的手脚。再者，人们预料到，如果宣告战争的巨大目标，定会引起极端的反对党运动。反之，如果大力宣扬战争目的的普世原则，拒绝民族中心主义和扩张主义，那么可以预料，那些希望战争迅速结束的人就不会把战争目的的问题上升到国内政治斗争层面上去。与之相反，谁都知道，巨大的领土要求只有通过严酷的战争胜利才能得以实现，而这必然会导致国内政治的两级对立。很多人对领土扩张毫无兴趣，他们也并不愿意把战争进行到底直至胜利，而是愿意看到在可能的情况下达成妥协的和平。领土扩张的战争目的必然会引起他们的反对。

战争目的问题在国内政治的另外一个层面上具有同样重要的意义。世界大战日益上升的耗费和牺牲，必然会唤起建立社会和政治公正的诉求。1914年前，欧洲的工人阶级就积极行动起来以争取这种公正。社会公正和政治公正那时就已经出现在了工人运动的行动纲领中。同样，妇女也进行了争取平等和选举权的斗争。一些纲领力求改革，另外一些纲领则要求革命以改变现存的私有财产和权力结构。

战争爆发后,政治家和企业主都很快发现,来自社会下层的,要求改变现存社会和政治结构的压力明显加大。这些人当中的一个便是克虏伯的总经理阿尔弗雷德·胡根贝格。他在1914年10月就指出,大家将不得不考虑如何应对战后从前线归来的工人们。这些工人将对企业主施加压力并要求实施新的法律。

对于士兵和普通民众的期待,执政者可以用两种方式加以回应:要么接受改革的建议并同意对经济、政治和宪法进行缓慢的改变,同时拒绝任何激进的诉求;要么坚持维护旧有体制。其实,一个保守的战略必然会危害现存的政治体系。如果将英国、法国与中欧帝国相比较,前者面临这一抉择时更多地倾向于改革和修改宪法。众所周知,修建一座保守的城墙,长远来看,其结果只会加大要求变革的压力,而及时接受民众积极参与的要求实为明智之举。

反观德国,虽然在政府中和经济界也存在着要求改革的力量,但在1915年至1916年围绕"改革还是反动"的内部权力斗争中,这股要求改革的力量败北了。这样,当围绕着两任总参谋长的鹰派势力1914年决定发动一场大规模战争时,在柏林得势的一方恰恰是那股反对向无产阶级做任何社会和政治妥协的势力。此外，当速战速决的愿望化为泡影，而且战争招致越来越大的人员伤亡时，来自作战部队和后方的压力随着战争的延续每周都在加大。德国君主和他的支持势力必须给这种压力一个回答。这一回答不是要改革或允诺改革。胡根贝格在1914年10月的表态实际上已经表述了这一回答。他这样解释道：为了避免国内政治陷入困局，建议将大家的视线引开并通过帝国的领土扩张为大众的想象提供一个巨大的空间。

胡根贝格的话值得牢记，他的话也基本适合沙皇俄国的政策：宣告野心勃勃的对外战争目的，以转移国内政治方面的问题和诉求，从而为内政改革提供一剂止痛剂。下文中我们将继续分析有关战争目的的争论在德国如何导致了各种势力的两极分化，而咬紧牙关争取最后胜利并吞并大量领土作为回报的意念，与日益增长的渴望和平以及对内政改革的期待又是如何相互碰撞、纠缠的。那些煽起战争目的的争论，其目的就在于把民族主义团体动员起来为共同的目的而行动。这是发起这一争论的好处，而社会和政治却分裂成相互敌视的、高度政治化的两大阵营，是挑起这一争论所不得不面对的负面影响。事实上，官方和右翼，特别是"大德意志联盟"

对达到扩张领土目的的战争胜利越是卖力宣战,便越是激起了改革者和向往和平人士的强烈抗议。这就是中欧和东欧君主政体最后崩溃的原因。

第四章

"社会下层"的第一次世界大战：
    前线和后方

1. 普通民众与战争的爆发

政治家和外交官们忙着建立各种联盟；各部门的官员们与工业界和农业界的领袖人物一起在远离前线的后方努力组织生产和供给；教授们以及记者们在他们的书斋里撰写爱国主义的报刊文章和传单；将军们准备着下一场重大攻势，而数以百万计的普通士兵和平民百姓却以另外一种方式经历了第一次世界大战。

1914年8月，无论是普通士兵还是平民百姓，大家都在城市或村庄里无数的集会和示威活动中经历了战争的开始。如果追问他们对 7 月底和 8 月初那些极具戏剧性事件如此反应的原因,那么就必须考虑两大因素。第一个因素是:无论在哪个国家,当时所有的人都相信自己的祖国遭受到了攻击。我们今天早已知道,危机上升到战争的根本原因首先应该追溯到柏林和维也纳的决策者身上。但那时德国和奥匈帝国的民众都坚信,其他列强强行将自己的祖国拖入了一场自卫战争之中。这一信念同样也存在于法国、英国和俄国的民众中,只是其表现形式可能稍有不同,但仍占主导地位。

第二个因素则是,那些涌向集会、倾听宣战宣言的民众们对面临的将是一场什么样的战争浑然无知。1914年之前就有人发出了警告声,警告大家当心,欧洲工业化强国之间的战争会给经济和社会造成灾难性后果。但这些文章和言论发出的警告却未被大众所接受。德国社会民主党人也向其选民大谈"巨大的混乱",但他们意指的是殖民帝国之间争夺市场的战争,以及资本主义危机为广大无产阶级带来的改变社会的良机。这场未来的战争究竟会给前线和后方的每一个人带来什么,对此,只有在酒吧桌上有一些含混不清的设想。那时,一些喜欢阅读科幻小说的读者会对小说中所描写的那些温柔慈爱的科幻技术深感着迷,而不会去思索新型武器和政治机器会造成什么样的人员伤亡。

大多数民众关于战争的设想来源于1870年至1871年的普法战争的经验。人们期待两军打一场短暂的战役，很快决出胜负。在1914年时，有很多职业军官通过种种征兆，预计到这场战争最后会变成一场全面战争，但他们内心深处也排斥这样的结局。在随后的8月份里，德军将在圣诞节回家的言论便四处盛传起来。

相信自己国家的军队会取得一场速战速决的胜利，这的确鼓舞了民众的士气。但新近的研究也表明，民众对一次短期自卫战争的热情振奋也并非高涨到，如在长达数十年时间里那些历史书中所描写的地步。有些人参加了集会并倾听那些政治家发表的爱国演说，当周围其他听众爆发出欢呼声时，他们也跟着一起欢呼。他们这样做的原因在于，如果保持沉默，必定会引起其他人的不解和敌意，所以也只得随大流。但在回家的路上，这些人会冷静地思考一些问题。

一位汉堡的社民党青年联盟成员在他的日记里十分贴切地再现了8月初的情绪。他写道："人们匆忙涌进银行提取存款和食品店抢购食品，这样的不安日渐增长。大多数人情绪低落，好像他们第二天就要被砍头一样。"当时的情况的确如此。一位来自汉堡这个汉萨同盟的老年社民党党员这样写道:"在贝森宾登赫夫大街的工会里,一天又一天,越来越多的同志们聚集在这里。我们茫然无措地面对喧嚣拥挤的人群。很多人问自己:'是我疯掉了还是其他人疯掉了?'"

在法国的乡村里,人们的情绪也十分严肃。战争总动员令公布后,并未出现反对即将开始的大战的示威活动。凡是实行义务兵役制的地方,服役者服从应征入伍的命令前往兵营,然后在火车站登上开往前线的火车。没有实行义务兵役制的英国仅拥有一支规模很小的陆军,于是大量志愿者报名入伍,在经过短时间训练后便随着不列颠远征军派往佛兰德地区和法国北部地区投入战斗。

尽管士兵与自己家庭的联系从未中断过,但从这一刻开始,前线和后方的战争经历便变得十分的不一样了。1914年圣诞节时,战地邮局传递了大量信件和节日包裹,很多军人可回家短时休假。在工业化时代,战争使战壕和地下掩体的世界完全不同于家乡的后方世界,因而,回家休假的年轻人与他们的家人之间常常有着一种心理隔阂。他们怎么能向本来就充满担忧与害怕的母亲描述在前线经历的恐怖?从前线回来的很多休假者对此深感无奈。当到了战争末期,无论是在前线还是在后方,渴望和平的呼声越来越强烈时，前线的军人与后方的家人才做到了相互理解。在下一章中，将就和平的渴望与其革命的结果进行进一步的分析。

2.前线战争的全面化

第一次世界大战在1914年秋季时，无论是在西线还是在东线都是以运动战的形式展开的。所有参战部队都遭受到了巨大的损失。平民百姓，特别是比利时的平民百姓则首当其冲，伤亡惨重。大量妇女、儿童丧失了生命。向前挺进的德军部队无情地摧毁了比利时境内的一些城市和村庄。开战后，德军在佛兰德地区掉转方向，准备进军巴黎。随着马恩河战役的展开，德军又重新夺回了阿尔勃特至苏瓦松、兰斯一线，战线便开始固化下来，阵地战开始了。交战双方都迅速修建战壕和地下掩体。这条战线呈一条巨大的弓形，从比利时的伊普尔一直延伸到洛林的凡尔登。沿着这条700公里长的战线，交战双方在地上开凿了超过四万公里的供给壕沟和后退壕沟。

在马恩河战役后，交战双方都一再试图冲破对方防线并取得战争的决定性胜利。但这些尝试都伤亡惨重。与后来的战役相比较，马恩河战役相对温和。双方的仇恨还算受到了一定程度的抑制，正如1914年圣诞节时所表现出来的那样。在不同的前线地段，双方不约而同地停止了交火，并穿越前线无人区祝对方圣诞快乐。士兵们点燃了蜡烛，唱起了熟悉的歌曲，还有的士兵想与对方的士兵结拜为兄弟，但立刻被军官们加以禁止。

在东线战争的第一年里，战争双方也都在一定程度上避免仇恨的升级。仇恨的升级意味着进行一场双方都咬牙切齿、你死我活的决斗。俄国俘虏了数十万奥匈帝国战俘，哪怕是在偏僻贫瘠的西伯利亚，俄国人也都依照国际法规则对待这些战俘。只是后来沙俄帝国日益陷入混乱之中，这些战俘才被弃之不顾。当然，1915年时，随着战争的全面化，其残酷性也是不可否认的事实。对此有两个最为明显的例子：

直到今天，凡尔登这个地名在很多德国人和法国人的记忆里都是大规模阵亡的同义词。凡尔登战役造成了作战双方重大损失。马恩河战役失败后，毛奇的继任者埃里希·冯·法金汉制订了这次战役的计划。他正确地估计到了凡尔登对法国人而言具有极高的象征含义，因此法军会不惜一切代价守住每一块前线阵地。这一估计也构成了德军总参谋长作战计划的出发点。法金汉估计法军会不断在凡尔登投入兵力，因而可以预料，在那里的人员伤亡损失将成为法军真正意义上的流血点。

为了征服凡尔登，德军聚集了 1300 门大炮，并在 1916 年 2 月 22 日对着法军的一块狭长的阵地发动了地狱烈火般的猛烈炮击，还在此期间施放了毒气弹。随后，德军发动了步兵进攻，并在 2 月 25 日攻占了杜奥蒙要塞。这一要塞的周围环境在这时看上去如光秃秃的月球表面一样，所以得此名。次日，法国将军菲利浦·贝当受命，保卫这一地段，抵御德军的进攻。贝当调集所有大炮轰击进攻德军的阵地，法军的炮弹给占领者以重大伤亡。新调集来的法军部队立刻投入了保卫阵地的战斗，法军要不惜一切代价，打到最后一颗子弹也要保住阵地。到 4 月时，法军伤亡人数达八万九千人，而法金汉也痛苦地发现，德军的损失也少不了多少。

战斗如汹涌的波涛此起彼伏。5 月 29 日，德军又攻占了一处被称之为"阵亡士兵"的战略要地，八天之后德军又攻占了沃克斯要塞。面对德军的强大攻势，法军并没有放弃抵抗。7 月 4 日，法金汉不得不停止进攻。德军并没有取得突破性进展，德皇在 4 月 1 日草率宣告的战争结束也并未实现。与之相反，法军在后来的几个月中又重新夺回了沃克斯要塞和杜奥蒙要塞。交战双方合计共损失了五十万军人,一共发射了四千万发炮弹。

德军停止凡尔登战役的原因在于英国军队于6月24日在索姆河发起的进攻。英军进攻的目的在于减轻法军的负担。这次战役导致的巨大的兵员损失上文已经提及:战役第一天英军便损失六万人;1916年秋季战役结束时,超过一百万人伤亡。

西线战略战术的演变对理解这些伤亡数字具有重要意义。和法金汉实施的凡尔登军事行动相似,罗林森领导的英军也计划实施数天之久的炮轰。为了这一目的,他在仅约20公里长的前线阵地上部署了1400门大炮。在6月的最后几天里,一百五十万发炮弹雨水般地倾泻到德军的阵地上。罗林森打算用这样的轰击来清除德军阵地上的一切生命。根据他的观点,英军只需穿过布满铁丝网的无人区直捣德军阵地,然后便可一直向东挺进,德皇别无他路只好投降。

协约国未能详加考虑的是,1914年索姆河战役后,双方交战大为减少。德军利用这一相对平静的时段大力扩建自己的战壕系统,为部队挖掘了很深的地下掩体。德军如田鼠一样生活在这些地下掩体里,并熬过了罗林森的猛烈炮轰。当英军于1916年7月1日发动冲锋时，他们的对手则悄然爬出地下掩体，迅速架好机枪，将敌军成排射杀。罗林森决定以人潮方式发动进攻，这就进一步提高了伤亡率。发起第一波穿越前线无人区的6万英军中，在半小时之内就损失了一半的兵力。他们要么阵亡，要么负伤倒在弹坑里。防守的德军也损失了八千人。7月29日，当英军再次发动攻势时，又蒙受了九万人的损失。这使伦敦内阁成员深感不安。他们从未料到会有如此巨大的人员伤亡，也不得不面对如何向国内民众解释这一悲剧的难题。

在凡尔登和索姆河，死亡并非仅发生在1916年秋季。另外一些将军自认为找到了赢得胜利的办法。例如12月中旬被任命为西线法军司令的罗贝尔·尼韦勒将军让政治家们相信，他将在1917年赢得突破性胜利。4月，在位于苏瓦松与兰斯之间他发动大规模的攻势。受到其前任者经验的警示，他预先估计会损失一万五千人。然而伤亡数字很快上升到十万人，于是不得不终止了这次攻势。

很多年来历史学家都在寻求这个问题的答案：为何双方士兵在发动强攻时，手持刺刀，直面死亡，明知必死无疑仍然前赴后继地冲锋。在较长时间停火时，军人们蹲在掩体里，周围都是死尸体、老鼠、跳蚤和泥泞。

历史学家们也探究，为何他们能够忍受这样的生活。美国历史学家杰·温特得出了正确的答案。他指出，战友之间的团结、义务和荣誉感以及对祖国的热爱在双方军人的心目中都具有十分重要的地位。此外，军队的纪律也十分重要。每个军人都必须服从军队纪律，违抗命令者会受到严罚。正因如此，因违反军事命令或纪律而被判刑或处决的人数一直都较少。这方面数字最高的当属意大利军队，有四千零二十八人被判死刑，其中七百五十人被执行了死刑。英国紧跟其后，三千零八十人被判死刑，三百四十六人被执行死刑。法国判处两千人死刑，七百人被处决。德国的数字最小：一百五十人被判死刑，四十八人被执行死刑。这表明，大多数的士兵甘愿承受前线的危险，军事法庭审判的威胁对他们而言并不重要。

随着战争的长期化，交战双方尽管付出了百万伤亡的代价，却都不能取得所期望的突破，因而，社会底层和后方便开始对如此惨重的生命代价有何意义提出了质疑。1916年一系列战役之后，和平的渴望和能够平安回家的愿望日渐高涨。在尼韦勒发动攻势时，法军幻灭情绪达到了顶峰，以至于发生了多次哗变。参与者如何为自己拒绝服从命令的行为辩解，是一件值得关注的事。

他们说，他们之所以拒绝服从命令，是为了表达反对军队的休假制度以及口粮供给；他们并不反对战争，但因极高的死亡率，因而反对尼韦勒下令进行的死亡冲锋。法军总司令部的反应既快速又严厉。哗变很快被镇压下去了，以至于德军对此都毫无察觉。49名哗变士兵被处决。尼韦勒虽然保住了脑袋，但却被贝当所取代了。

在东线，战况同样令人沮丧。马恩河战役的结局和阵地战的开启意味着德军不可能把大批部队运往东线。沙俄迅速向前线投入兵力，其速度远快于毛奇计划中所设想的速度，这使同盟国深感威胁。1914年8月中旬，俄军开始从马祖尔湖区的北面和东面向西挺近，从而对东普鲁士产生了威胁。那位重新复职的保罗·冯·兴登堡将军实施了大胆的战斗策略，在坦能堡成功击溃了指挥混乱、训练潦草的俄国部队，一周后在马祖尔湖区进行的战役中，德军又取得了胜利。在10月时，德军开始攻击沙俄在波兰的领地，在赢得大片土地后于12月停止了进攻。

在此期间，俄国和哈布斯堡王朝在南面进行了一场更为血腥的运动战。沙俄军队先是挡住了奥匈帝国的进攻，然后开始反击，一直攻打到普热梅希尔要塞并包围了要塞，但并没有拿下这个要塞。在3天时间里就有一万俄军士兵阵亡。同样的命运也降落在哈布斯堡王朝领导者的头上,当他们追踪分析阿列克谢·布鲁西洛夫领导的部队时,很快事实真相便一目了然:维克多·丹克尔将军的部队遭受到了极大的削弱,被迫向后撤退。在这些战斗中,丹克尔将军的部队损失了四万人。于是奥匈帝国向德国请求支援。德国无法从西线给这位遭受到削弱的盟友调来师团进行支援,但兴登堡在北面战场上不断取得的胜利,使这一压力得到极大的缓解。在1915年5月最后几场战斗中,俄军阵亡十五万人,负伤六十八万人,九十万人被俘。这些战役之后,德军把战线推进到了巴尔干半岛的东部和东北部,并在各地组建了相对稳定的占领区管理机构。

这年年底,德国方面的损失为十万人。沙俄官方证实五十三万人阵亡和负伤。此外还必须设想当时所存在着为战俘提供吃住的供给问题。交战双方在1914年和1915年抓获的战俘数目达两百万人,而为这两百万人提供吃住供给并非易事。

1915年清晰表明了战争在各条战线迅速全面展开。随着意大利转而加入协约国阵营,战争也在阿尔卑斯山展开了。1915年6月中旬,在路易吉·卡多尔纳将军的带领下,在伊松佐地区聚集了四十六万人的部队。接下来的几周里爆发了激烈鏖战，到 8 月时，意大利军队伤亡达五万七千人，失踪和被俘的人数达二十万人。在伊松佐地区又进行了两场战斗后，交战双方都精疲力竭了，随后转入了阵地战。在东线的加里西亚地区又出现了新问题。尽管在前一年俄军损失惨重，但俄国具有招募新兵的巨大潜能，因此可以不断向俄国的加里西亚地区的西部战场投入新的部队。虽然俄国那些出身农家的士兵以前从未碰过步枪，但俄军仍然给奥匈帝国的军队带来了巨大的损失。1915 年的伤亡人数让奥匈帝国总参谋长康拉德深感沮丧：损失了二百一十万人，其中七十七万人作为战俘落入敌方手中。

到了 1916 年，双方在沃里尼亚和加里西亚地区继续鏖战。这些运动战所造成伤亡的惨烈程度，毫不逊色于法国西线的壕沟阵地战。6 月，布鲁西洛夫展开了大规模进攻并使哈布斯堡王朝的军队再次陷入困境。根据新近研究结果的估计，维也纳损失了七十五万人，其中一半被俘。

要勾画出东线战争那种反复性对士兵伦理道德上产生的可怕影响绝非难事。那些将领们无能而招致的错误以及贪污腐化对士兵来说是一目了然的事。无论是在前进还是在撤退时，东线糟糕的军需供给使士兵的生活境况和那些绷紧神经、趴在战壕或地下掩体里的西线士兵一样悲惨至极。而目睹陷入绝望之中的难民，同样给士兵们的心灵造成了极大的影响。仅在东部战线北部的德军占领区就有四百万人流离失所。目睹那些残垣断壁的村庄，士兵们也会深感沉痛。为了不让敌人获得资源并阻挡敌军快速挺进的步伐，各方都迅速实施了焦土政策。目睹东部前线和南部前线大量的万人墓以及那些陷入交火区的平民百姓所承受的苦难，士气低落、渴望和平的情绪日益蔓延开去。到1917年时，这种情绪很少以士兵哗变的形式表现出来，如法军曾经历过的那样，而是以极高的战俘数目来表现的。很多俄军士兵和奥匈帝国的新兵都宁可投降当战俘，也不愿阵亡和负伤。他们以这种方式来表达对继续这场战争的抗议。战争的终结不应该仅由政治和军事领导人来决定，这一新的思想倾向在后方群众中也日益扩大。

3.战争在后方的全面化

1914年8月，数以百万计的男人走上了战场，但他们对即将面临什么却知之甚少。同样，在后方的大家对后来发生的战争全面化也少有了解。对未来不祥的预感和对不可避免的阵亡通知书的畏惧抑制了对战争的狂热。很多地方的人民涌向银行提现。特别是那些有储蓄的中产阶级为储备而购物。在很多城市里，宣战曾在短时间内引起了失业率的上升，但这一情况很快就发生了改变。大批工人应征入伍后，空出的岗位必须有人填补。此外，还需生产出足以满足军队订购的各种大批物资和食品。正如英国莱斯特市制鞋者联盟在1914年年底所确认的那样，有史以来第一次没有工会成员向工会提出失业救济。随着战争持续进行，越来越多的士兵被战争所吞噬。这样，寻找不需上前线的劳动力的压力也就越来越大，企业家们也极力避免因劳动力的缺失而危及生产，这样一来，他们也越来越倍感压力。

这一发展的重要结果是，妇女参加工作变得越来越普遍。这一变迁也对战后时代产生了深刻的影响。在西欧工业化国家中，参加工作的妇女比例在1914年前就相对较高，在德国这一比例为30%。在英国，战前三百三十万妇女在工业和商业领域从事工作，一百六十万妇女受雇从事家政工作。到了1918年，工业和商业领域的从业妇女数量上升到四百八十万人，与之相反，从事家政的妇女数量下降到一百二十万人。仅在战争期间英国就增加了一百一十万从业妇女。在法国，从业妇女的比例也上升到了33%，在俄国甚至上升到了43.2%。德国埃森市的克虏伯公司1914年前雇用了三千名妇女，到1918年时，女工和女职员的数量达到了两万八千人。

物质因素是妇女从业人数上升的根本原因。战争持续的时间越长，由此引起的通货膨胀在家庭收支上的影响就越显著。在这种情况下，妇女们别无选择，只好去工厂做工。尤其是当她们的丈夫应征入伍，甚至阵亡前线时，除了去工作，她们别无他法。国家付给阵亡士兵家属的抚恤金相当微薄，不足以糊口。在这种情况下，阵亡士兵的遗孀受到的打击特别深重。如何给孩子们解释父亲阵亡一事并帮助他们承受这一痛苦，同时如何解决经济上的困难，这些都给阵亡士兵的遗孀们带来了雪上加霜的痛苦。

我们知道大约二十万意大利阵亡军人遗孀的情况。开始时，这些遗孀甚至连抚恤金都没有，只能得到一些小小的物质补偿，而且政府的税务机构还要扣取这些物质的10%。在"战争阵亡者母亲和遗孀联盟"成立之后，这一情况才得以改变，妇女们不用再独自一人向国家请求帮助，而是有了一个共同的代言人。尽管国家现在开始发放抚恤金了,但战争期间抚恤金的数目却十分微薄。一个无孩子的遗孀每年的抚恤金为630里拉,到1918年时,孩子的数量达到五个的家庭,国家再多付150里拉,总数为780里拉。在英国,政府批准给十九万遗孀和十万孤儿发放抚恤金和孤儿补贴金。后来,领取孤儿补贴金的人数上升到了三十五万人。

当然,妇女从业人数的增加不能只用下层社会经济困难来解释。很多妇女把她们去参加工作的决定看作为一种爱国主义行为,把参加军火生产或在政府部门以及其他机构组织中担任助手看作是为不断提升的战争努力做贡献,一些妇女甚至为此付出了生命的代价。如在弹药生产过程中一再发生严重的爆炸事故,使一些参加生产的妇女丧失了生命。很多未婚的年轻妇女出于爱国主义的原因在战地医院当护士或医疗助手,帮助那些年轻的男人克服截肢后精神和肉体上的痛苦,或在毫无指望的情况下减轻他们在远离家人、独自走向死亡时的痛苦悲哀。她们经历的这一切都需要一个强大的内心世界。一些经历过这一切的妇女战后发表了她们的回忆录,从中我们可以了解到,她们从事的是多么困难的工作,这使她们内心无比哀伤,同时也使她们更加自信和坚强。

她们并非人人都是女权主义的信仰者,但有一点是明确无误的：男女旧有的父权社会关系通过第一次世界大战而被彻底改变，其结果之一便是无论她们所在的国家在战争中的结局如何，她们都希望更多地参与到社会生活和政治生活中去。与此相联系，便产生了一种期望的压力。1914 年，胡根贝格便预见了从前线归来的工人所拥有的期待和他们对平等的诉求。凭借在战争期间的贡献，妇女以从未有过的坚定力求在政治上和法律上的平等权利。当然，只有部分目标在 1918 年后得以实现。俄国、德国和奥地利的妇女获得了选举权，而英国妇女还得等到 1928 年才获得完整的公民权，法国妇女等待的时间更长，直到第二次世界大战结束后其公民权才得到完全承认。

妇女从事职业工作的愿望在战争期间得到了极大的增强，但战后这一愿望却并未真正得以实现。妇女们曾相信可以在一个岗位上长久工作下去，但 1918 年后她们发现，她们的工作岗位又回到了从前线回来的男人手中。在家庭内部，很多丈夫也试图让时光倒流，重建 1914 年前的性别关系。通过报纸、杂志和书籍，反对妇女解放、反对"现代"女性的运动甚嚣尘上。"现代女性"要求夫妻间的平等伙伴关系和独立性，她们自立，爱好运动，抽烟，开摩托车。在很多男人眼里，这真是一幅可怕的图景，而这幅图景也证实了世界大战是如何葬送了传统的社会准则和风俗的。

借助于对社会变革的观察，我们提前进入了战后时代阐述。尽管1918年之前性别关系的改变已经是一个话题，但如何建构一个自由生活的问题远没有为家庭提供富足的生活来得重要，而家庭生活的富足则由是否能获得足够的食品决定的。与俄国和中欧地区相比，英国和法国未被德军占领的地区，民众的基本生活还是得到了较好的保障。在大英帝国，战争的开启甚至还引起了一个奇特的效果。到1914年底，英国充满了繁荣景象，对各种商品的需求，例如对童鞋的需求，都有了大幅提高。

在业余消遣活动方面，战争之初没有什么明显的变化。上层社会依然去狩猎野鸡，打板球；普通民众则在足球场上或在赛狗场上找乐子。只是在城市酒馆的营业时间方面有了新的规定。英国政府规定各城市的酒馆21点必须停止营业。有些城市在战争爆发时就执行了这一规定。这一规定也有助于对前线回来度假的士兵和在附近军营驻防新兵的酒精消费加以限制。

但巨大的人员伤亡数字所带来的沉痛悲哀很快便笼罩在城市和村庄的上空。越来越多的家庭披戴上了悼念阵亡者的黑纱。人们相互支持，人们舍己利人，人们得知前线阵亡士兵的情况后愿意自己去牺牲。从前邻里间的小小的相互嘲笑被同流悲痛的泪水和慰藉的话语所取代。

除了邻里间的团结加强了英国民众的斗志外，生活物资的供给从未被破坏，这也同样保证了英国民众的高昂斗志。中欧的情况与之相比较则大相径庭。德国曾希望通过潜艇战使英国绝粮而投降。但海外运来的食品，首先是粮食，从未中断过。护航舰队护送货轮安全穿越大西洋，同时，英国在本土大量种植粮食和土豆。此外，再补充以粮食定量和分配制，这样便完全满足了民众的需求。甚至天气也帮忙。1917年上半年出现了土豆供应紧缺，但随着后来的丰收，这一问题很快就消除了。

那时也有抗议活动发生，但并不针对政府，而是针对那些有哄抬物价之嫌的商人。1918年1月，一群示威者要求一个店主出售人造黄油。随后警察强迫他打开地窖取出黄油出售给示威者。有的示威活动针对物价上涨，如1918年1月，曼彻斯特军火工厂的工人在市政厅前示威，抗议食品的集中分配制度。

根据美国历史学家杰·温特的研究，英国民众的健康状况甚至得到了改善。其原因在于：当时很多人，特别是年轻人越来越喜欢节食。政府也为全日制学校的学生提供这种节食餐饮。但很多进行征兵体检的医生发现，那些来自城市贫民区的新兵常常营养不良，因而不能上前线作战。当局立刻警觉起来并作出相应反应：进行改善饮食的宣传。这样便出现了一个十分矛盾的现象：在英国和爱尔兰，儿童死亡率从1911年至1913年间的指数100点下降到了1918年的指数87点，而在前线，大批二十岁左右的年轻人却如苍蝇一般大量死去。

总体而言，尽管英国后方的生活因物价上涨而变得更为困难，但伦敦并未去寻求达成一项妥协的和平。与中欧的情况相反，英国民众保持着较好的斗志，很少有人支持政府去达成这样的和平。

法国拥有农业地域广阔这一优势来保持人民的忍耐性。与德国和英国相反，法国大多数国民都生活在农村，他们的生存并不依赖工业。因此他们可以较好地维持自己的生活并为来自北部的大量难民提供食物。就后方的供给形势而言，法国与英国相似。尽管在马恩河战役期间和此战役后，有时会出现一些惊恐的情绪，民众还是为自己的军队能够抵挡如此危险的敌人的进攻而感到骄傲。美国参战后，法国人信心倍增，坚信总有一天会打败德国佬。很多小社区的精神力量也应该获得高度评价。

每天都有阵亡的消息送达那里，而那里的人们也必须每天面对这些消息。战争使人们团结在一起。在军火工厂和工人社区，社会主义运动在1914年前十分强大，在那里和其他欧洲国家一样，越来越多的妇女在流水线和机器旁工作。就是在这些地方，人民也紧紧地团结在一起。法国后方的情绪是稳定的，这也要归功于如克列孟梭这样英明的政治家的领导，以及人民对政治体系生存能力和效率的信任。这些方面英、法两国极为相似。

不同于英、法两国，战争给德国后方的生活在1914年秋季就带来了严重的后果。食品供给在战争爆发后不久迅速恶化，同时，前线阵亡的大量通知单也飞向各个社区。英国对德国的海上封锁带来了灾难性后果。1914年前对外贸易带来的富裕生活一下就崩溃了，数以百万计的损失，商船队、专利权和德国的海外财产都被敌国没收。特别是原材料和食品进口被切断带来的更为严重的后果。上文已经提及了因不能进口智利硝酸钾而给弹药制造带来的危机。

德国的平民百姓对谷物的匮乏有切肤之痛。粮食谷物的产量到1917年时下降了42.8%。若干因素一起导致了这场危机：首要因素是向军队提供粮食必须绝对优先于居民的粮食供给这一原则，而军队的需求又是十分巨大的：一个军团每月就需要六十六万块面包，五十万公斤肉。德国农业在1914年前就无法生产足够的粮食，也不愿意在土地耕种上加以调整。德国也需要奶制品和肉制品，而饲养奶牛也需要大量的谷物。种植土豆本来可弥补粮食生产的不足，但1914年至1915年间早来的寒冬严重影响了土豆的产量。

英国和法国向人民提供适当的粮食供给，从而成功建立了一个使人民在一定程度上满意的供给和监管机制。与此相比较，德国政府机构却不得不面临难以解决的粮食分配矛盾，而粮食的不足也很快波及肉类和牛奶的生产。尽管德国的政府机构拥有较高的工作效率，但面对如此巨大的粮食缺口，政府当局也束手无策、无能为力。迄今为止，还没有哪一个政府能够找到解决这一问题的良方。

可以想象，在这一境况下，政府当局必然一开始就成了公众批评的目标。特别是当战争进行到第二阶段时，情况更是如此。尽管如此，政府的各管理部门仍然作为一个民众福祉的关怀者起着作用。1914年秋季，一些丈夫被应征入伍的所谓"军人妇女"获得了经济资助以及儿童抚养费，但却发生了如下不道德的事情：早在1914年前，咖啡馆里消遣就成了一件大家热衷的事情。

很多来自家境富裕的市民阶层妇女,把政府发放的资助花销在咖啡馆里,与女友们一起享受咖啡和点心。当然,政府部门并非有意要引导她们这样做。

这一现象引发了那些因工作或贫困而无法享受这种咖啡消遣的妇女们的极大愤怒,她们提出了这样的理由:在战争期间应该烤的不是点心,而是面包;政府基本食品的发放必须更加公正。1914年秋季发生了不仅针对这种错误的面包供给政策,而且也针对"军人妇女"的示威游行。以前"祖国"曾相信通过经济资助可以解决后方家庭面临的种种问题,现在国家通过这些示威游行改变了政策,开始把目光转向了如何向贫困家庭提供供给上。

但是,这些优先供给并未从根本上改善这些家庭的处境,随着前线的大量阵亡,很多"军人妇女"自己也陷入了贫穷的困境。这时,各种怨恨和不满越来越多地指向那些囤货居奇、哄抬物价的制造商。物价上涨吞噬了用以糊口的那一点家庭费用。作为解救措施,政府部门搭建了一些大众就餐处,以便为那些陷入困境的家庭提供一顿正餐。

城乡之间、生产商与消费者之间的社会矛盾越来越危及民族团结的认同感。拥有丰厚储蓄、家境富裕的市民阶层人士可用高价在黑市上获得必要的食品,家境贫寒人士或从事重体力劳动的工人,特别是军火行业的工人则可优先获得购买任何食品都需要的购买券。而这两个阶层之间也产生了社会矛盾。政府当局试图通过尽量站在多数人一边的方式来控制抗议和示威活动带来的影响。但因粮食供应的巨大缺口,从长远来讲,政府部门的这些努力都是徒劳的,最后反而成为被攻击的目标。关于这一点将在下一章中加以阐述。

君主制与饥民之间的对立冲突日益尖锐,而妇女在这一对立冲突中扮演着一个重要角色。早在1914年秋季,妇女们就抗议了咖啡馆里的点心消遣及恶劣的面包和土豆供给。而后来发生的通货膨胀使得她们更加难以支付商店里的高昂物价。最后,妇女们和她们的男性同事们一起走上街头,要求增加工资。与英国相反,德国政府到了1916年和1917年之间的时候才决定招募妇女进入军火行业工作。但当饥饿蔓延开来后,女工们也加入了抗议示威的队伍。1917年12月,一位生活在莱比锡的澳大利亚女士这样写道:"我们熬过了不同寻常的一周,也是德国人民迄今为止经历过的最为严重的一周。没有煤,电灯关掉了,煤气关掉了,实际上已食无可食。土豆早已无货,每人可获半斤所谓的土豆块,我觉得这些土豆块其实就是干了的土豆皮而已。穷人怎么活？这简直超出了我的想象力。如果一个政府把自己的人民领入了这样悲惨的境地，这个地球上的，无论哪一个民族的人民都会揭竿而起，反对这样的政府。但在这里，人民没有任何采取行动的意愿。"在最后一点上，这位澳大利亚女士搞错了。反抗的意愿实际上日益高涨，普遍的贫困使人民的要求不可避免地发生了转变。开始时，大家仅要求改善粮食供给，随着时间的推移，人民要求结束战争、对政治制度进行根本性改革的呼声也日渐高涨。

如果把东欧地区平民百姓的战争经历纳入考察的视野，就可发现，奥地利—匈牙利双元帝国的处境与德国极为相似。在维也纳和其他大城市，1914年10月就出现了粮食供给的瓶颈现象。1914年至1917年间，粮食产量下降了88.2%。如同德国一样，面包师也开始在面粉中加土豆粉来烤制混合面包。1915年3月，政府颁布了每周两天无肉日的规定。为节约粮食，大幅削减了啤酒的生产。军队的需求十分巨大，但重要的农业区域却因加里西亚地区的战事无法展开正常的农业生产活动。1916年土豆歉收。维也纳有一万人每天在战地厨房可获得填饱肚子的一餐饭食。妇女们也走进工厂，以便稍微改善一下家庭微薄的收入。

政府当局试图通过定量分配和限定物价来应对这一无休止的危机，然而政府的措施并不能平息公众日益上涨的不满。在商店和市政厅前的抗议后，男女工人和家庭主妇开始了示威游行，1917年5月发生了罢工。

在中欧各国，人民的生活境况十分贫困，而南欧的意大利人也同样处境艰难。这使得越来越多的意大利人走上大街示威游行。俄国人的处境则更为严重。在俄国，并没有出现粮食匮乏的现象。沙俄是农业国，土地面积广阔，拥有足够的粮食储备。但沙俄君主在组织、调集和分配现有资源方面十分无能。1915年12月时，物价上涨了78%。在俄国，政府部门所实施的政策和民众在前线或后方的经历特别早、特别明显地发生了冲突，其结果就是来自农村的士兵和大城市工人爆发了抗议。在这一巨大的压力之下，沙俄崩溃了。俄国革命预言了中欧各君主国，统治者和被统治者之间的矛盾关系最终走向：军事失败和现行政治体制的倾覆。

第五章
战败者与"战胜者"

1. 俄国的革命

俄国是第一次世界大战所有参战国中第一个崩溃的国家。1917年2月就发生了社会革命,而这次社会革命最终导致了左翼激进的布尔什维克党人在10月时夺取了政权。布尔什维克的领袖弗拉基米尔·伊里奇·列宁在几周后宣布俄国这个东方大国退出战争,并在1918年3月被迫同意了德国以最后通牒形式提出的和平条约。

如果要追问这一改变世界历史进程的重大事件的原因,就必须明了1916年至1917年冬季,俄国军队和俄国民众所处的境况。如上文所述,原则上讲俄国拥有足够的工业原材料和农业基础来进行一场全面战争。俄国专家们相信官方的计算数字。根据这些数字,部队和平民的粮食供给可以得到足够的保障,从而使1915年起出现在德国的饥荒不会在俄国发生。由沙皇尼古拉二世领导的俄国军队无论是在前线还是在后方,都无法很好地组织起来进行战争,因此,引起这次大危机的原因根植于俄国军队的无能。

1914年秋季,这一状况在前线得以充分表现:俄军尽管拥有兵员数量上的巨大优势,但仍然输掉了坦能堡战役和马祖尔河战役,并且还遭到了惨重的人员伤亡。那时,俄军缺乏基本的武器装备,后续补给更为糟糕。大量来自非欧洲地区的农村士兵甚至从来没有摸过可用来作战的步枪,也不知道自己到底为何而战。他们作为"沙皇父亲"的忠诚子民应征上前线,却对眼前发生的一切茫然无知。当俄军在1914年秋季和后来几年中一再遭受重创时,他们当然会认为沙皇必须为这些惨痛的失败负责。他们用自己的血肉之躯体会到了俄军军官的无能、僵死和代价沉重的错误。

毫无疑问,这样的士兵是不会战斗到最后一颗子弹的。一旦自己所在的前线地段情况不妙,他们会立即投降。他们希望在战俘营里可以得到更好的待遇。于是,这样的事情便一再发生:一旦军事形势变得有利于投降,数以十万计的士兵便倒戈而去,争当战俘。而俄军中,军官和士兵的社会疏远感也是造成这一现象的原因。俄国军官常常出身于乡村贵族,并用毫无怜悯的严厉要求下属服从道德规范。而在士兵看来,军官对待他们的方式让人想起了1914年前那些大地主如何折磨俄国农民的。不难理解,为何俄军士兵的斗志从未高扬过,而1916年底反复失败的战局,使俄军士兵的斗志几乎降到了冰点。

俄国士兵的家庭遍布在俄国广袤国土的各个地方,这样的情绪迟早会传递到士兵们的家庭,也就会传递到俄国的四面八方。尤其是当伤亡人数上升到一百六十万,连那些最小的村落也得到了村民阵亡的消息时,这样的情绪便扩散开来了。大量的失踪者和战俘的命运的不确定性激起了后方人民对和平的强烈渴望。俄军中来自乡村的士兵和他们的家庭在战争中的痛苦经历,使得俄军更加难以胜任一场现代化战争的要求。除了这些农村士兵和他们的家庭,俄国社会中也有工人,他们在大城市和工业区构成了激进变革的潜在力量。工人们的生活也因食品供应的短缺而深受其害。尽管从根本上来说并不缺食品，但当大家需要时，却未能送达。工人们和大城市的居民把这一混乱局面归咎于政府当局以及君主政体，这无疑是正确的。外界大量流传着有关沙皇和他的妻子受到黑暗势力影响的各种传言，这些传言也起到了十分巨大的负面作用。特别值得一提的是修道士拉斯普京，他最后在沙皇的宫廷里被刺杀身亡。在这之前，他在沙皇身边的确扮演了一个十分有害的角色。

政府的威望在俄国工人社区里本来就不高，现在更是慢慢地消融了。沙皇专制与人民之间的鸿沟越来越深，于是，有一些人士试图调和双方的矛盾，力图说服沙皇允诺进行政治改革并在战后实施一个开放的政治体系。这并不是一场由下向上的民主化运动，而是一场温和推行的议会制活动，以达到使地方和国家议会获得更多发言权的目的。

正是按这一思路，具有自由主义思想的王子格奥尔基·利沃夫于1915年底在议会联盟进行了一次演讲。在演讲中他坦然承认，政府的职能机制已丧失殆尽，无法解决因战争而产生的种种问题。但他认为，议会的代表们可以弥补这一缺陷。历史赋予了他们这一沉重的使命，召唤他们执掌国家之舟的航舵。俄国不仅期待和平，也期待着国家的重新改组。而这一切都需要各种力量的齐心协力才能完成。利沃夫说,他为议会与人民大众之间的团结而深感欣慰,而沙皇政府和人民之间却没有这样的团结一致,对此他深表遗憾。他还谈到,尽管政府认为,人民的代表们不必参与到如何取得战争最终胜利的事情中来,但俄国杜马作为全国议会多年来努力工作,使他坚信,必须在议会与沙皇之间建立直接的联系。利沃夫最后要求杜马尽可能快地开始这些工作。

一年后,杜马主席米凯尔·罗江科表达了与利沃夫相同的看法。在一次视察旅途中,他震惊地看到,负责战地医院的政府当局竟然不能为伤员提供床位,只能在货运车厢里对伤员进行治疗。当他试图改变这一状况时,他发现,负责战地医院的政府当局领导人享有高层人物的庇护。罗江科愤怒地意识到,要解雇这个领导是不可能的。此外,这位杜马主席还进一步了解到,后方的各种社会关系也进一步恶化了。发战争财和贪污腐化四处蔓延;因为缺乏运输工具,城市里的生活费用大幅上涨;工厂工人举行抗议和罢工,而那些呼吁保持秩序和继续工作的人却被逮捕。

尽管利沃夫和罗江科极力使国家走上正确的航向并进行改革,但他们绝望地发现,沙皇和他的那些顽固不化的保守顾问们拒斥这方面的任何努力。尼古拉二世不时表现出对"胖子罗江科"的冷嘲热讽，沙皇是不会听从他的任何建议的。当局势越来越危急时，沙皇便住进了他的军事大本营，在那里，他身处一帮反动分子和将军们之中而远离了国内现实生活。对他们而言，对付国内骚乱发起人的最好办法就是拿起鞭子。对农村农民和城市工人的绝望和幻灭，他们浑然不知，甚至对自己军队低沉的士气，他们也未有丝毫的觉察。

如果说1915年和1916年的罢工与抗议游行主要还是出于经济的原因，那么到了1916年和1917年间的冬季，抗议活动便日益具有了政治性。根据俄国新近的数据，1916年发生了一百八十万人参加的超过2300次罢工，其中仅有347次具有政治性。到了1917年前两个月，罢工次数就迅速高达751次，其中带有政治性的就达412起。

这样，俄国君主制的末日便降临了。1917年2月，派往彼得堡镇压示威游行的部队拒绝执行向示威者开枪的命令，并与民众建立兄弟般的友好关系。失去了街头控制的尼古拉二世也失去了对议会的控制，议员们拒绝接受沙皇在2月26日发布的解散议会的命令。这是何等的犯上作乱！一天之后杜马组建了执行委员会，一些进步联盟的成员被选入该委员会，市民阶层占主导地位的杜马开始寻求摆脱危机之路。

在这期间，游行示威的工人也力图消除大街上的混乱，重新建立正常的秩序。他们采用了1905年革命动乱期间的方法。如那时一样，组建了工人—士兵委员会，即苏维埃，苏维埃再选出自己的执行委员会。尽管苏维埃执行委员会与杜马的委员会处于一种竞争关系中，但二者在强迫沙皇退位这件事情上目标一致，因而可以在这方面相互协调。随后不久，一个代表团前往普斯科夫附近的大本营，在那里代表团强迫沙皇退位。沙皇的将军们见大势已去，也纷纷抛弃了沙皇，沙皇君主制实际上便这样分崩离析了。有人曾试图让米哈伊尔大公当摄政王，以拯救沙皇体制。但他宣称，他要等制定宪法的全体会议做出决定后才会决定是否担任这一职位。这样一来，用这种方式拯救沙皇体制的企图便失败了。

随着沙皇的退位，权力便流落到了大街上。市民阶级的杜马政治家们首先获取了政治权力。这些政治家们组建了临时政府，在工人—士兵苏维埃的同意下，接管了沙皇的各行政部门。利沃夫王子，这位新政府的总理对事情采取了听之任之的态度，因而外长巴威尔·米留可夫和司法部长、卓越的演说家亚历山大·克伦斯基便很快获得了巨大的影响力。临时政府向苏维埃和民众立刻做出了妥协,如实施公民自由,释放政治犯和旧政权发配到西伯利亚的充军人士。

现在的问题是,临时政府和代表着前线和后方广大士兵和工人利益的苏维埃能否在二月建构的权力关系基础上保持稳定。此外,已经释放出的社会能量是否会转向变为暴力的革命?刚开始时,苏维埃对临时政府的执政权并未提出异议,因而这种权力关系的稳定性拥有看上去并不暗淡的前景。但是,前线与后方、战争与和平、内政与外交等如相互缠绕的乱麻一样,引起的矛盾冲突使临时政府和苏维埃的权力关系很快便倾覆了。

苏维埃在这一时刻并不想接管政权,但对临时政府的种种决策持高度怀疑的态度,特别是当这些决策涉及军队时,更是如此。是否要屈服于协约国的压力而把对同盟国的战争继续下去,或者遵循士兵和百姓们的和平愿望而与柏林和维也纳达成停火,这对俄国军队而言至关重要。为了夺得军队指挥权,苏维埃1917年5月1日发布的一号命令,引发了有关问题的激烈争斗。根据这项命令,在军队里也要建立正式的苏维埃组织,军官应该由士兵选举产生。5天之后,临时政府外长米留可夫宣布俄国将站在协约国一边继续战斗直到胜利。临时政府的这一宣告和苏维埃的一号命令引起了俄军的一片迷惘和混乱。

苏维埃很快提出了反对继续战争的意见。5月14日,苏维埃向世界各民族发出了立即停战、实现和平的宣言。米留可夫在5月15日的演讲中,仍然包含着俄国继续参战所要追求的领土要求,特别是对达达尼尔海峡地区的领土要求。14天之后,米留可夫迫不得已,只好宣布寻求达成不需兼并领土和赔款的和平。苏维埃和协约国截然不同的要求使他身处两难境地。他想玩个花样,以摆脱困境,但最终却搬起石头砸了自己的脚:在一封秘密函件里,米留可夫力图安抚协约国,并保证俄国政府将继续站在老盟友一边。但这一内容很快便被公之于众,并被看作是对苏维埃和人民大众意愿的背叛。这封函件被收了回去,米留可夫只好引咎辞职。临时政府不得不进行改组,克伦斯基接掌战争部这一重要机构。这一事件表明了苏维埃已经具有了何等的影响力。

临时政府和苏维埃在军队问题和和平问题方面的紧张关系当然逃不过德国人的眼睛。为了进一步激化俄国内政矛盾,以达到使国家权威崩溃,进而使俄国军队崩溃的目的,德国让一位在瑞士流亡的俄国人回到他的俄罗斯祖国。德国人知道这位人士想在俄国进行一场革命并结束与同盟国的战争。这位人士就是列宁。现在布尔什维克党人有了一位极具吸引力的领袖人物,他大声疾呼"面包、土地和和平"。这些口号对那些忍饥挨饿的市民,对那些深受封建父权农业体系煎熬的农民,对那些毫无斗志的部队军人而言,真是说出了肺腑之言。克伦斯基在5月中旬还紧锣密鼓地进行活动,以便让军队做好新一轮进攻的准备工作,而这一切恰恰加速了军队的衰落。

7月初,临时政府一直在防止布尔什维克党发动政变。8天之后克伦斯基担任总理一职,并在7月18日任命拉夫尔·科尔尼洛夫将军为军队总司令,这是一个错误的选择。8月底,科尔尼洛夫在一些反革命势力的支持下,试图发动一场反对临时政府的政变,但这一政变以失败告终。这一事件也十分清楚地表明了克伦斯基政权已经是多么的脆弱。苏维埃已越来越"左倾"并在布尔什维克的掌控之下,但恰恰是苏维埃号召人民抵抗这次政变,才挽救了克伦斯基。列宁的战友列夫·托洛茨基表现出色。布尔什维克党政变后,他被克伦斯基投进了监狱。在监狱里,他向驻扎在喀琅施塔得的水兵发出指令,命令他们出发去进攻科尔尼洛夫的政变部队。铁路工会也同样施以援手,通过使火车改道和拆除铁轨等方式,把忠于科尔尼洛夫的部队阻挡在彼得格勒前,无法前进。政变失败了,科尔尼洛夫被投入了监狱。

临时政府与由布尔什维克掌控的苏维埃之间的力量天平已明显倾向后者。鉴于此,列宁便开始着手制订武力夺取政权的计划,成立了一个由托洛茨基领导的革命军事委员会。该委员会作为总指挥部负责进行俄历10月25日发动的政变。克伦斯基以及其政府所盘踞的彼得格勒冬宫,在那天夜里很快被攻陷了。克伦斯基乘坐一辆伪装成救护车的轿车,在最后一刻成功逃离。政权落入列宁和托洛茨基之手。

对列宁和托洛茨基而言,目前最为重要的事情就是迅速巩固政权。要达到这一目的,必须把"面包、土地和和平"的口号加以落实。布尔什维克党正是通过这一口号赢得了人民的支持。11月5日,布尔什维克发表了尽快停战的声明,强调在随后的时间里各个国家应该尽快达成一项民主的和平。托洛茨基作为新政府的外长向外界公布了,1917年前协约国各成员国签署的秘密协议文本,秘密文本涉及有关瓜分领土的战争目的。公开这一秘密协议的目的在于让协约国丢尽颜面。11月20日,托洛茨基与德方达成了停火的协议。

6周后双方正式开始和平谈判。这一谈判进展十分缓慢,其原因在于布尔什维克党所制定的策略:希望欧洲其他国家对战争感到厌倦而变得激进的人民通过俄罗斯的例子而获得激励，进而揭竿而起反对本国政府。与此同时，各殖民地的人民也同样获得激励而奋起反抗西方列强的殖民统治。如果我们把目光投向处境绝望的中欧，那么这样的希望并非毫无根据。托洛茨基把签订和平协议的谈判每拖延一周，其他君主国分崩离析的可能性就得到一些提升，一次世界革命的前景也就不再遥远。但德国人洞察到了这一算计。2月底，德军总司令部不愿再与布尔什维克的谈判策略周旋下去并发出最后通牒。当俄方未能满足最后通牒提出的条件时，德军发动了向东的攻势。残留在东线的俄军毫无还手之力，溃不成军。5月1日，德军抵达基辅，俄方的政权面临崩溃的威胁。两天后，布尔什维克签订了布列斯特—立托夫斯克条约文件。在东线，第一次世界大战结束了，随之而来的是内战的爆发。

根据布列斯特—立托夫斯克条约，德国囊括了一大片地区，东部边界从波罗的海的纳尔瓦地区向北，通过莫吉廖夫、库尔斯克，然后沿顿河一直推移到黑海边的罗斯托夫和塔甘罗格。这些地域也都在德军的占领之下。这样的"和平"引起了高度关注，因为人们可以通过这样的"和平"看出，德军的总司令部想通过战争达到什么样的战争目的。在东线德国实现了其过分贪婪的领土兼并计划,这使德国可以在欧洲大陆上建立一个不受封锁的强权集团。布列斯特——立托夫斯克条约也让人认识到,如果德国取胜,欧洲会发生什么样的事情。

占领经济富裕的东部地区,特别是乌克兰,还可以给德国其他的好处:德军可以在西线集中兵力,打一场决定胜负的突击战役。包括从塞尔维亚和意大利调出的兵员,可集中四十个师六十万人的兵力。3月21日,德军开始了春季攻势。德军开始时赢得了优势,向法国北部突进了60公里。但这并未导致协约国整个西部防线的崩溃。这首先要归功于投入战斗的三十万新到来的美国士兵。德军的攻势越来越慢,受到的阻力越来越大。7月18日协约国发起了反攻,4周之后德军迅速构筑的防线崩溃了。9月29日,德军司令部向德皇报告,德国输掉了这场战争。在协约国方面,总计损失兵员人数为三十二万人,德国方面为二十三万人。(本节日期为俄历)

2.中欧的革命

如果要探究德、奥这两个中欧君主国崩塌毁灭的原因，把二者与一年前沙俄的命运相比较，可看到一种惊人的相似性。在柏林和维也纳，和俄国一样，也笼罩着日益严重的物资匮乏，前线大量的人员伤亡引起了人们对和平的渴望，无论在前线还是在后方，人民对决策层所表现的无动于衷充满了愤懑和不满。统治者和被统治者之间的隔阂导致了这一不满和愤怒。威廉二世和他的顾问们毫不理会人民处于何种精神以及物资状况。国家最高层面对人民的这种冷漠也表现在王太子毫无顾忌地在波茨坦继续建造规模庞大的萨西林霍夫宫，而这时无数工人却在前线奉献出自己的生命。社会"上层"与"下层"的矛盾差异也以一种独特的表现方式在海军中呈现出来：在港口里停泊的军舰上，军官餐厅里一如既往地举行着欢宴，而士兵餐桌上却只有被称为"一团乱麻"的白菜汤。

这一类的事情以及每天前线生活的现实经历不可避免地会进一步促成各种力量的两极分化，而这种两极分化最终会导致士兵和民众的大规模"罢工"。他们或在大城市里走上街头进行反抗，或离开前线的掩体，用这些方式向德皇和他的顾问们表达了不能再这样下去的信号。恶劣和不平等的供给以及前线并未减少的死亡人数，是这一迅速蔓延开来的反对派运动的重要原因。上文已阐述了1918年的物资供给状况。1916年德军最高司令部试图通过一次总动员来挖掘德国的劳工和工业潜能,以便赢得战争的最后胜利。这一企图把德国社会一下分裂成了两大尖锐敌对阵营。一边要孤注一掷,投入一切,以赢得"胜利的和平",另一边则要求立即停战,与对手达成妥协。

与此相应,城市里的各种游行示威原来是以改善供给为目的的,而现在越来越多地具有了政治色彩。战争目的问题变成了一个核心问题,也是引起激烈争论的问题。贝特曼在战争开始时就担心过这一潜在的矛盾冲突,因而长期以来一直努力把有关获取领土的讨论隔离在公众的视线之外。而获取他国领土则是那些企业家、军人、民族自由主义和保守政治家的梦想。然而制订大规模吞并他国领土的计划后来成为转移国内危机的手段。胡根贝格在1914年时曾以嘲讽的口吻讲述了这一领土吞并计划,而德国的执政者企图用战争目标问题来激起民族主义的扩张本能。战争目的的问题成为用来衡量谁是"帝国的朋友",谁是"不爱祖国的浑蛋"的标准。

战争目的的争论在此也显露出国内政治的另外一个侧面:德国的胜利或能阻止胡根贝格所暗示、保守派所惧怕的国内权力结构的变革。如果与对手达成妥协而实现和平,那就意味着德国君主制的软弱,从而可能使要求改革甚至革命的力量得到极大的鼓舞进而获得更大的发展动能。在法国和英国,已经出现了这种尝试和发展趋势的种种征兆。当然,正如我们所看到的那样,在这两个国家里,社会内部的团结较好,人民对执政者的决定有较高的信任度。这与英、法两国的宪法结构有着密切的联系。此外,较好的食物供给有效地缓解了民众的绝望情绪。而中欧君主国却未能做到这一点。

如同俄国一样,在德国出现了一个中间派别的政治力量。这一派别力图将处于左右两翼之间那些持温和观点的人士聚集在自己的旗帜下。中间派试图通过着手对宪法进行修正,或至少允诺对宪法进行修正,以及对战争目的加以温和的表述来使各阶层民众对战争的胜利保持乐观的态度。与此相联系,贝特曼在1917年初伸出了试探停战的触角。如上文所述,由于伦敦的拒斥态度以及德国方面重启无限制潜艇战,这一尝试无果而终。德军总司令部以及支持军方的保守派势力赢得了上风,他们满心都是德国赢得最终胜利的梦想,因为只有这样,德国的君主制才能摆脱国内政治改革的压力。

在贝特曼看来,自从战争目的已成为全民辩论的话题后,在外交政策方面伸出和平的触角的同时,可就宪法修正进行讨论,这二者并行不悖。德国首相在1917年4月说服威廉二世发表复活节公告,使这一策略达到了成功的顶峰。在公告中,德皇允诺在取得战争的胜利之后,将改革普鲁士选举法。迄今为止的普鲁士选举法规定三个不同的社会等级拥有不同的选举权。无论在前线还是在后方,普鲁士人民都付出了重大牺牲,而实现投票箱前的公平,是一件合情合理、有理有据的事情。根据普鲁士选举法,选民中的大多数都属于选举权受到限制的第三等级,面对更高级别的第一和第二等级那些有权有势的人物,第三等级的选票无足轻重。

德皇在公告中保证战后取消选举权方面的限制,但贝特曼对此并不抱很大希望。他知道,一心只想取得最终胜利的德军总司令部和保守势力是不会同意这项计划的。然而他未曾料到,改革的允诺激起了反对者从未有过的愤怒,最后强迫政府收回了这份公告。德国内政外交的形势不断恶化,这使得德国的帝国议会不得不寻找出路。在议会里,来自不同党派的议员强烈批评无限制潜艇战带来的后果,议会里的多数党通过了和平决议。保守党和最高司令部对此深感震惊,他们把事态的这一发展归罪于贝特曼并促使德皇解雇了贝特曼,取代他的是最高司令部的宠儿乔治·米夏埃利斯。

以这样的方式推行权力政治，那么原来只是要求改善供给、以经济为主要动机的抗议活动必然会越来越具有政治倾向。深感失望的人民大众开始示威游行，抗议政治压迫、过分的领土吞并，反对继续战争，要求立即进行宪法改革。德军最高司令部和右翼宣传机构用非友即敌的划线政策来回答这些抗议和诉求。谁要是不赞成为取得完全胜利而制定的战略，谁要是不赞成保留现存的国内政治体系，谁就会被打上"帝国的敌人"的烙印。这样一来，贝特曼1914年8月竭尽全力建立起来的党派和平便在1917年毁于一旦。在战争目的方面，贝特曼也极力实行抑制政策，以维持这种和平。现在他的一切努力也都付之东流。如同1914年前那样，社会民主党的左翼派别被贴上了不爱国的标签，从而使德国社会在政治上和意识形态上分裂成为两大阵营。

保守主义的民族主义者和形形色色的泛德意志主义者极力把对最终胜利的信仰者和领土兼并主义者聚集在自己的旗帜下，同时将那些批评者和反对派人士抹黑为帝国的破坏者。在他们的眼中，这些批评者和反对派人士要为前线和后方如此糟糕的形势承担责任。如果德国战败了，这些人则成了替罪羊。在总司令部鼓动下，于1917年成立的祖国党成了战争目的运动的聚集地，该党也成了煽动反对内政变革的工具。随着全面战争日益走向灾难性结局，彻底战败的最终结局已近在眼前时，谁被划归成帝国的敌人，就会受到严厉的对待。

右翼把社会混乱的责任推到参加游行示威的妇女和男女工人的头上。将注意力引导到更小的、更容易划分的少数人群身上，能更为有效地煽起沙文主义的怨恨情绪。尽管泛德意志主义者和祖国党将其攻击的宣传也对准了社会少数群体，但犹太人则是他们主要攻击目标。为了煽动反犹情绪，他们策划了臭名昭著的"军队中犹太人统计"，其目的在于证明和基督教普通百姓相比，犹太教男人没有坚定地履行士兵的义务。当统计数字表明情况正相反时，这份所谓的调查报告被迫收了回去。但右翼的反犹主义宣传家仍然把他们的诬陷迅速扩散出去。于是当战争结束时，那些关于犹太人是战争的国际幕后策划者，犹太人大发战争横财等令人难以置信的诽谤便流传开来。犹太人被看作寄生虫，也被看作为致力于德国战败的懦夫，从而埋下了战后时代仇恨犹太人的种子，而这一仇恨在经过一系列弯弯曲曲的道路之后，在第二次世界大战中对犹太人的种族屠杀中达到了高潮。

1917年至1918年冬季，到处都充斥着寒冷、饥饿和大量死亡带来的绝望。在这个痛苦的冬季之后的1918年初，两大阵营的矛盾进一步尖锐，上层社会的反动政治与下层社会对和平以及修改宪法的诉求继续进行着博弈。前一年大量要求面包和和平的小规模游行示威演变为1月份工会组织的大规模罢工。政府当局动用警察并进行抓捕。最高司令部不仅用强硬手段对付"内部敌人"，在外交政策上也表现强硬。

如果要理解1918年秋季发生的种种事件，中欧两大君主政体的崩溃以及后来的"背后捅一刀神话"的作用，就必须仔细关注当时的政治形势。有人声称不是最高司令部和德皇，而是那些示威者和那些破坏分子导致了1918年的失败；这些人从后方突然袭击了本来是战无不胜的德军。这些都是谎言。如果阅读魏玛共和国时期反犹主义者那些耸人听闻的理由和他们针对1918年"十一月罪犯"的煽动性言论，就是到了今天，我们也很难平静下来。

当德国人全神贯注地盯着在西线发动春季攻势以及目睹这一攻势如何逐渐走向失败时，奥匈帝国的局势则更为不妙。在伊松佐前线，部分哈布斯堡王朝的军队已完全损耗殆尽。在投入战争的15个师团中，有7个师团仅剩三分之一的兵力，三个师团损失了一半的官兵。

疾病和营养不良四处蔓延。如同德军一样，奥匈帝国的军队在1918年9月时已处于分崩离析的状态。10月1日，奥匈帝国的部队撤离巴尔干半岛，意大利则聚集了一支强大的兵力准备在南部前线展开最后一次攻势。由于无力继续抵抗，维也纳在11月2日接受了意大利的停火条件。

随着哈布斯堡王朝军队的溃败，这个双元帝国也随之轰然坍塌。10月28日，在布拉格，一个捷克人的国家宣告诞生了。克罗地亚人和斯洛文尼亚人一天之后也宣告独立。此时的奥地利和匈牙利则处于一片混乱之中。1916年去世的弗兰茨·约瑟夫的继承者卡尔皇帝曾试图通过一次宪法改革来拯救帝国，但帝国境内不同民族拒绝了这些修宪计划，这就足以使这些计划被束之高阁、化为乌有。从前那些哈布斯堡王朝骄傲自豪的军人们现在却争先恐后地逃离前线，奔回自己的故乡。哈布斯堡王朝便寿终正寝了。

德国人需要更多时间和经过一些戏剧性的转折后，才肯承认自己的战败。9月29日，鲁登道夫告知威廉二世，德国在军事上已输掉了这次战争。外交部国务秘书保罗·冯·辛慈起草了一份精细的计划书。他正确指出，如果不立刻对宪法进行修改，就会发生混乱和俄国式的革命。通过修改宪法，对帝国的领导就不再由德皇的意志来决定，而是由帝国议会的多数党派来决定了。换句话说，辛慈建议议会决定帝国宪法的制定和实施，权力中心应该从德皇处转移到人民的代表那里。

鲁登道夫和威廉二世最后也同意了这一建议，于是同帝国议会各党派进行的谈判便开始了。在这艰难的时刻，各党派不能、也不愿意拒绝这样的谈判。乔治·格拉夫·赫特林曾取代米夏埃利斯担任帝国首相，现在也必须挂冠而去了。以自由主义闻名的巴登州的亲王马克思接掌了内阁的领导。这届内阁由新的左—中联盟党派的代表构成。德国变成了一个以英国为榜样的君主立宪制国家。

旧政权同意修改宪法这一招可谓具有深谋远虑的一步棋。但在对此加以赞扬之前，大家必须明白，德皇不仅在和平时期，甚至在战争中的危机时期也都是极力阻止议会民主制的，只是到了战败时才不得已同意进行宪法改革。德皇的动机也还有另外一个深层次原因，鲁登道夫曾直截了当地表述了这一动机的原因：他曾请求德皇让国会议员进入内阁任职。这些入阁的议员也要为战争的失败承担责任。当这些议员先生们到各部门任职时，就必须面对签订和平协议的任务，这样他们就得自食其果。

鲁登道夫奸诈地将世界大战的责任以及后果推给了帝国议会,把自己和德军的责任推得一干二净。德国各党派领袖人物不得不面对厚颜无耻、推卸责任的辛慈计划。然而他们都相信,在德国面临崩溃的时刻,他们别无选择,只有挑起这副沉重的担子。他们寄希望于通过辛慈计划来一次"上层革命",以阻止一场"下层革命"。毫无疑问,一年前俄国革命的例子还在他们的眼前晃动,让他们惊魂难定。

俄国二月革命发生前的境况也在德国有着相似的表现。1918年1月初,柏林和其他地方的人民群众强烈要求德皇退位。如当时俄国有人曾提出让米哈伊尔大公当摄政王一样,在一段短时间里,在德国有人提出让皇太子担任摄政王,以挽救德国的君主制。但在柏林,已经没有人对保持霍亨索伦王朝的旧体系感兴趣了,关键是需要保持一个起相应作用的君主体制。10月份以来,这样一个体制在马克思亲王的领导下,已经开始运作了。艾伯特于11月6日请求格勒纳将军,让他劝说威廉二世退位,以便让皇太子出任摄政王。格勒纳拒绝了艾伯特的请求。然而,艾伯特的行动表达了帝国议会对一场来自社会下层的10月革命,可能把"上层社会革命"的努力一扫而空的巨大担忧。艾伯特希望通过"牺牲"德皇来祛除一个激进的解决方式所带来的危险。

在此期间,德国海军司令部所做的一个带有犯罪性质的决定,为这种激进解决方式提供了机会。在一封秘密文件中,德国海军上将赖因哈德·舍尔在11月初命令停泊在威廉港里的海军舰队起航,前往北海与英国皇家海军进行最后一场较量。德国海军的劣势,必然会使这场较量带有自寻毁灭的性质。德国的海军将领们知道帝国首相和他的政府在10月份就与协约国进行和平谈判,将领们想用这种方式给首相和他的政府来个偷袭。当然,德国海军还有自己更高的目标。德军陆军在前线英勇作战,就算战争失败了,仍然可以保持自己的声誉。但海军昂贵的舰队在港口里度过了大多数的战争时间,海战都是交给潜艇去完成的。打到最后一颗子弹的海战可以引起轰动效应,从而保证了海军的未来。在舍尔和其他军官看来,为了这一目的,就算让数千水兵葬身大海也在所不惜。

然而,舍尔并不能阻止有关该计划的谣传蔓延开来。当政府已经在进行和平谈判时,水兵们只想回家而不想在北海上葬身鱼腹。水兵们拒绝启航出海,随后负责指挥的海军上将中断了军事行动并让军舰通过北海—东海海峡开往基尔。在那里,水兵们与其他示威的战友和工人结为兄弟。从此,大规模抗议游行如野火般蔓延开来,一场来自"下层"的革命变得势不可挡了。

与尼古拉二世在1917年2月时的境况相似,他的表兄弟威廉二世身居德国与比利时边境地区斯帕的大本营,与现实生活相隔绝。在获悉故乡发生了动乱后,他怒不可遏。威廉二世向他的将军宣布,他将亲自率领部队向柏林进军,以制止起义者的恶行。他的亲信告诉他,已没有部队愿跟随他了,因为在此期间,德军已处于一种解体的状态,士兵们都已回家了。此时的德皇已成为军队的负担,于是将军们说服他退位。在黑夜和浓雾之中,这位被他的将军们放逐的德皇越过德国与荷兰的边境,开始了他的流亡生活。在哈布斯堡王朝分崩离析后,德意志帝国也不复存在了。

11月9日,德国社会民主党人菲力浦·谢德曼面对柏林欢呼的人群宣布共和国成立了。与1905年和1917年时的俄国相似,德国也到处都成立了工人—士兵委员会。作为执政的10月份成立君主制国家的首相,执政的王子马克思在并未同斯帕的大本营进行磋商的情况下便宣布了德皇的退位并对艾伯特委以重任。而实际上他并无权宣告德皇的退位,也无权委任艾伯特以政府职责。帝国其他头戴王冠的大人物也如威廉二世一样退位了。萨克森国王的意见是：后继者们想干什么就干什么，与我无关。随着德皇的退位和共和国宣告成立，德国的政治权力处于混乱状态。工人—士兵委员会通过工厂或部队单位的选举赢得了一定程度上的民主合法性，但他们并不想独自使用这些权力，而是如1917年2月的俄国那样，与临时政府分享这些权力。

工人—士兵委员会打算把一切权力委托给两大工人政党联盟。这两大工人政党是艾伯特领导的德国社会民主党和1917年成立的、由胡戈·哈泽领导的德国独立社会民主党。11月10日，在柏林成立了人民代表委员会。这是一个在革命运动中产生的执行机构，其任务是消除战败后的混乱局面，建立一个新的、共和主义的宪法秩序。

3.缔结和平

德国的经济这时已经完全崩溃。生产停滞，大街上不断举行着示威游行；物价飞涨，战争国债甚至以比1918年前还要快的速度失去其价值，中产阶级的储蓄化为乌有。这一切都使缔结和平这一任务变得十分棘手。

此外，政治力量进一步两极分化，俄国革命的进程被一个阵营当作效法的榜样。这一阵营希望如俄国1917年时那样，借助苏维埃运动的帮助使事态的发展极端化，从而为一场社会革命赢得有利条件。在大城市里，这股力量聚集在斯巴达克同盟的旗帜下，在工人中获得了一些支持者。而在各省份中，各委员会越来越右翼，其成员要求尽可能快地恢复平静和秩序，消除混乱状态。在他们的眼中，一年前俄国发生的事情犹如一场噩梦。

德国的官僚、企业家和将军们在不得不面对军事、政治崩溃的后果时，对俄国革命的恐惧也使他们备受折磨。于是便发生了如下事情：当德国政坛在1918年11月10日发生戏剧性突变时，艾伯特接到了格勒纳的一个电话。格勒纳表示愿意为艾伯特的人民代表委员会提供部队和武器打击斯巴达克同盟。鉴于当时正规部队已不复存在，他想投入志愿兵部队。志愿兵部队由职业军官指挥，并由工业界支付费用。艾伯特自己也深陷在德国可能发生的俄国式革命的恐惧之中，于是接受了军方的建议。

企业家作为这一联盟中的第三方，与社会民主党领导的工会进行了积极谈判。11月15日，胡戈·斯廷内斯代表工业界与工会领袖卡尔·列金签署了协议。这一协议为稳定经济铺平了道路。企业家同意工人实行每天8小时工作制，作为交换，工会放弃工业企业实行社会公有化的诉求。

随着这一联盟的形成，力量的天平朝着不利于左派激进者倾斜。在这种形势下，他们孤注一掷，号召举行武装起义。他们中的一些人希望通过征服柏林来取得列宁式的成功。但另外的人，如罗莎·卢森堡对这类起义的徒劳无益一开始就了然于心。事实也是如此。1919年1月，由斯巴达克同盟领导的起义很快便被格勒纳的志愿兵部队，即所谓的自由军团镇压下去了。然后，自由军团扫荡了鲁尔区的工业城市和德国中部地区，残暴扼杀了这些地方的起义。5月1日，自由军团在慕尼黑摧毁了4月底由欧根·勒菲内建立的苏维埃共和国。这也是自由军团最后的战绩。在匈牙利，内战也经过了相似的发展过程。在布达佩斯，由库恩·贝拉组建的苏维埃共和国经过1919年7月若干周的血战之后也归于失败。

在魏玛，新的宪法文件起草完毕。这是德国缓慢走向稳定的信号。艾伯特于1918年11月委托国家法专家胡戈·普罗伊斯起草了这部宪法草案,并通过全民公决最终通过了这部宪法。在德国历史上,妇女第一次以同等权利的身份参加了这次决定宪法的投票。新宪法于1919年8月生效。艾伯特把11月以来人民代表委员会拥有的管理国家的权力交到了国民议会手中,而国民议会则以绝大多数同意票选举艾伯特为帝国临时总统。1919年2月中旬,艾伯特任命菲力浦·谢德曼领导帝国政府。这届帝国政府将不得不面临签署协约国带强迫性的和平条约这一棘手任务。

战败国在巴黎郊区签订的和平条约一份接一份。这些条约从文字上看,就是一份份协约国作为胜利者强加给战败者的和平协定。所有的条约都有一个共性,那就是战败国必须割让领土,削减其武装力量,支付战争赔款。在对旧边界进行大规模改动时,战争期间美国总统威尔逊宣告的民族自决早已被抛到九霄云外,在中欧和巴尔干半岛建立有较大领土面积的国家才是关注的焦点。拥有较大面积的波兰、捷克斯洛伐克共和国以及南斯拉夫宣告诞生。西欧组建这些新国家的战略目的在于建立一道防止布尔什维克俄国的隔离区,以免于受到列宁革命思想的再次侵袭和渗透。

此外,这些新国家可以为防止今后德国威胁提供东部平衡力。对因德国的入侵而深受创伤的法国人而言，这一地图上新的划分具有十分重大的意义。法国人希望可以通过与斯拉夫新国家的联盟而阻止德国在欧洲的心脏地区重建霸权地位。强制削减奥地利、匈牙利和德国的军事力量也是服务于这一目的。

这一领土划分使在波兰、捷克斯洛伐克和南斯拉夫生活的德国人深受打击，并使这些德国人作为少数民族而被歧视。于是他们很快开始了一场民族统一运动，这也必然会损害这些新生国家的内部稳定。这些都是战后领土划分带来的严重后果。此外，战争赔款也导致了与德国的严重对立和紧张关系。比利时和法国于1923年1月出兵占领了鲁尔区，试图通过这样的手段可一次性获得所有的战争赔款。然而事与愿违，这一行动引发了一场新的经济灾难。这一灾难也蔓延到法国，使法郎大幅贬值。1920年，卡普试图坐镇巴伐利亚，发动推翻魏玛共和国的政变。魏玛共和国自卡普政变以来就一直受到来自右翼极端势力政治上的挑战。

希特勒和鲁登道夫也发动了"向柏林进军"的政变行动。尽管这一行动失败了，但这些危机却给那些激进的右翼人士以极大的鼓舞。他们要用暴力手段来摧毁巴黎和约所制定的和平秩序。根据提尔皮茨的记录，在保守主义者的圈子里，早在1915年就已经可以听到对威廉二世毫无成果的世界政策的批评。希特勒也把这些批评作为自己新的出发点。这个纳粹党人的元首在《我的奋斗》中写道：下一次德国的外交政策将不会再犯德皇同时挑战世界所有列强的错误。未来将通过两个阶段来建立德国的世界地位：先在欧洲大陆上建立自己的强权地位，然后再向海外扩张。

这些应该划归两次世界大战之间那段历史和第二次世界大战起因的历史。在本书结束之时，再次回忆一下第一次世界大战的沉重代价是十分必要的。本书开篇便对"一战"惨痛的伤亡代价进行了描述。毫无疑问，这场战争对所有参战国都是一场巨大的灾难，这场战争没有胜利者。如果我们对那以后直到1945年欧洲乃至世界所发生的一切进行一番思考，就会认识到，第一次世界大战就是20世纪一切灾难的"元凶"。

参考文献

1.第一次世界大战和历史学

下列书籍就20世纪20年代以来有关第一次世界大战的起因和进程的辩论提供了一个很好的纵览：伍尔夫冈·耶格，德国的历史研究与政治文化，哥廷根，1984年；乌理希·海勒曼，被强行抑制的失败感，哥廷根，1983年。有关费舍尔争论的重要文献：武尔夫冈·希德，第一次世界大战的起因和政治目的，科隆，1969年。如果要深入了解研究的细节，必须阅读弗里茨·费舍尔的著述：获取世界霸权，杜塞尔多夫，1961年；幻想的战争，杜塞尔多夫，1969年。与之相反观点的著述：格哈尔德·理特，国家技巧与战争本事，第3、4卷，慕尼黑，1964—1968年。批驳将战争责任从中欧列强推卸到英国身上的著述：尼埃勒·费格森，错误的战争，斯图加特，1999年。对此态度较为温和的书籍：格黑格·叙勒根，逃入战争？达姆斯达特，1991年。有关人口状况方面的书籍：杰·温特，大战和不列颠人民，伦敦，1985年。有关德国方面内政和经济状况的著述：格哈德·费尔德曼，德国的军队、工业和工人群体，1914—1918年，柏林，1985年；约尔根·柯卡，战争时期的阶级社会，哥廷根，1973年，作者呼吁多关注战争时期社会和日常生活的历史。从妇女和家庭历史的视角出发的著述：乌特·达尼尔，战争社会中的女工，哥廷根，1989年；乌特·弗利伏特，妇女史，法兰克福，1986年。从当代视角看知识分子进行的战争心理准备的著述：保罗·弗塞尔，大战和当代记忆，牛津，1975年。杰·温特的重要研究成果：悲哀的地方，剑桥，1995年，该书强调要回归传统的纪念和哀悼模式。

2.值得推荐的有关第一次世界大战深层次原因概述性的书籍

杰姆斯·约尔，第一次世界大战的原因，慕尼黑，1988年；约翰勒斯·布克哈尔德，走向第一次世界大战的漫长和短暂之路，慕尼黑，1996年。有关德国和英国关系的书籍：保尔·肯尼迪，盎格鲁、日耳曼对立的起源，伦敦，1980年。以德国为焦点的书籍：英马鲁艾尔·盖斯，德意志德国和第一次世界大战，慕尼黑，1978年；克劳斯·希尔德布朗德，逝去的帝国，斯图加特，1995年；安德利压斯·赫伊尔克鲁勃，两次世界大战前德国的角色，哥廷根，1979年。有关德意志帝国内政问题的著述：汉斯—乌利希·维勒，德意志帝国，1871—1918，哥廷根，1988年。

有关军备政策的著述：弗尔克·贝格汉恩，提尔皮茨计划，杜塞尔多夫，1971年；斯蒂格·弗斯特，德国军备政策，法兰克福，1984年；大卫·赫尔曼，军备与第一次世界大战的形成，普林斯顿，1996年。

关于7月危机的著述：卡尔-迪特李希·艾德曼，库尔特·黑茨勒：日记，文章，记录文件，哥廷根，1972年；弗里茨·费舍尔，1914年7月：我们并非陷入了这场战争，海恩贝克，1983年；贝恩特·苏尔特，黑茨勒日记的谎言，法兰克福，1985年。这两部著述对黑茨勒日记的可靠性提出了质疑。有关7月危机文献汇编见：英马鲁艾尔·盖斯，7月危机与战争的爆发，2卷本，汉诺威，1963年。

3.全欧视角下有关战争期间政治和军事状况以及社会历史的概述

马克·费罗,大战,法兰克福,1988年;斯梯格·弗斯特和罗格·希克林,大战,一场全面战争,慕尼黑,2002年;格哈尔德·黑希费尔德,第一次世界大战百科全书,帕德波恩,2002年;容·克岗,第一次世界大战,莱恩贝克,2000年;乌尔夫冈·米些尔卡,第一次世界大战,慕尼黑,1994年;胡基·斯屈欣,第一次世界大战,第一卷,牛津,2001年。从德国视角出发的著述:罗格·希克林,德意志帝国和第一次世界大战,慕尼黑,2002年;彼得·格拉夫·克伊勒曼塞格,德国与第一次世界大战,法兰克福,1968年;武尔夫冈·蒙森,德国灾难的元凶·第一次世界大战,1914—1918,斯图加特,2002年。

有关军事领导的著述:霍尔格·阿弗勒巴赫,法尔肯海恩,慕尼黑,1994年;阿丹·布赫欧勒茨,毛奇,施里芬和普希安的战争方案,牛津,1991年;兰希罗特·费罗,短期战争的幻想,圣巴巴拉,1973年;约翰·霍勒和阿兰·卡莫,1914年德国的暴行,纽哈尔温,2002年;费亚斯·留利费希斯,东方的战争国家,汉堡,2002年;格哈尔德·希特,施里芬计划,慕尼黑,1956年;邓尼斯·修乌尔特,坦能堡,汉姆登,1991年;诺曼·斯通,东线，伦敦，1973年。

有关战时供给和战争经济方面的著述：罗塔·布哈尔德，和平时期的经济和战争时期的供给，波帕德，1968年；卡斯伦·布克，战争和国家，伦敦，1982年；梅杰瑞·费瑞，原则性，纽约；尼埃勒·费格森，错误的战争，斯图加特，1999年；杰·古德弗莱，战时的资本主义，雷明通斯巴，1987年；格尔德·哈达赫，第一次世界大战，慕尼黑，1978年；艾弗勒·欧弗，第一次世界大战，一个农业的阐释，牛津，1989年。

有关外交和战争目的方面的著述：K.E.本保尔，和平倡议与潜艇战，乌帕萨拉，1958年；弗里茨·费舍尔，夺取世界霸权，杜塞尔多夫，1961年；汉斯·嘎茨克，德国在西线的进攻，巴尔的摩，1956年；英马鲁艾尔·盖斯，波兰的边境带，吕贝克，1960年；大卫·斯特凡松，法国针对德国的战争意图，牛津，1983年；以及：世界大战与国际政治，纽约，1988年。

有关宣传和知识分子方面的著述：库特·库斯茨伊克，第一次世界大战时的德国新闻政策，杜塞尔多夫，1968年；武尔夫冈·蒙森，文化与战争，慕尼黑，1998年；米谢尔·桑德斯和菲利普·泰勒，英国在第一次世界大战期间的宣传策略,伦敦,1982年;克劳斯·斯瓦勃,科学与战争道德,法兰克福,1969年;大卫·维尔希,1914—1918年德国的宣传和全面战争,纽布恩斯维克,2000年;艾格蒙特·蔡希林,德国的政治与第一次世界大战中的犹太人,哥廷根,1968年。

4.有关社会下层的社会历史的著述

1914年7月的气氛:伍尔夫冈·库塞,战争与民族一体化,埃森,1993年;弗尔克·乌尔赫希,战争中的日常生活·第一次世界大战中的汉堡,科隆,1982年;杰弗瑞·弗赫,1914年的精神,汉堡,2000年。

前线的社会历史:斯特法·奥迪欧茵—罗策奥,战争中的男人,牛津,1992年;埃希沃斯,壕沟战,伦敦,1980年;格哈德·赫侬希费尔德,只有人才能感受,埃森,1995年;克里斯蒂安·雅,普通士兵,哥廷根,1998年;埃瑞克·利德,无人区,剑桥,1979年;本恩德·乌勒里希,目击证人,埃森,1997年;第一次世界大战的前线日常生活,法兰克福,1994年;屈埃弗尔·威尔森,战争中千变万化的各种局面,剑桥,1985年。

后方的社会历史:杰—雅克·贝克,世界大战和法国人民,利明藤斯巴,1985年;盖尔·布茹埃登,第一次世界大战中的女工，伦敦，1981年；贝林达·达维斯，故乡燃烧的火焰，茄佩尔勒赫勒，2001年；帕特利克·弗利德松，另一个前线，巴黎，1977年；大卫·肯尼迪，第一次世界大战和美国社会，纽约，1980年；武尔弗冈·库斯厄，敌人的世界，法兰克福，1997年；比尔特·库恩德鲁斯，妇女斗士，汉堡，1995年；君特·迈，1914—1918年的德国工会，杜塞尔多夫，1985年；季翁·威廉姆斯，后方，伦敦，1972年；武尔夫拉姆，维特，小人物的战争，慕尼黑，1992年；杰恩·威廉姆斯，后方，伦敦，1972年；杰·温特，战争的动乱，剑桥，1983年；本杰明·茨伊曼，前线和后方，埃森，1997年。

5.革命和崩溃的时代

有关俄国革命和布列斯特条约的著述：海尔穆特·阿勒特希特，1917年的俄罗斯，帕德波恩，1997年；温弗利德·鲍门咖特，德国的东方政策，慕尼黑，1966年；彼得·波罗夫斯基，1918年德国的乌克兰政策，哥廷根，1985年；维勒·哈尔维格，1918年布列斯特的强制性和平与布尔斯维克的世界革命，慕尼黑，1960年；克里斯多夫·瑞德，从沙皇到苏维埃，伦敦，1996年；杰·维勒—本耐特，被遗忘的和约，伦敦，1938年。

有关中欧革命的著述：汉斯·彼，战争和革命时期的工会，2卷本，汉堡，1981年；弗列德汉勒姆·波尔，下萨克森的群众运动，波恩，1981年；弗朗希斯·卡斯藤，中欧的革命，科隆，1973年；达尼尔·鸿恩，德国海军的哗变，纽布伦斯维克，1967年；君特·迈，帝国的终结，慕尼黑，1987年；埃瑞克·马梯雅斯，委员会与枢密顾问委员会，杜塞尔多夫，1969年；苏珊娜·米勒，内部和平与阶级斗争，杜塞尔多夫，1974年；大卫·莫尔甘，社会主义左翼与德国革命，伦敦，1975年；克劳斯·斯瓦勃，德国革命与威尔士和平，杜塞尔多夫，1971年。

有关缔结和平与战后时代的著述：弗尔克·贝克汉恩，老欧洲的没落，慕尼黑，1997年；里查德·贝塞尔，第一次世界大战后的德国，剑桥，1995年；莫德理斯·艾克斯太恩斯，墓地上空的舞蹈，莱茵贝克，1990年；杰哈尔德·费尔德曼，巨大的混乱，纽约，1993年；鲍尔·弗塞尔，大战与现代记忆，伦敦，1975年；查尔斯·迈伊尔，欧洲资产阶级的重塑，普林斯顿，1975年；安诺·迈伊尔，政治和缔结和平的外交，纽约，1967年；乔治·莫斯尔，阵亡的士兵们，纽约，1990年；罗伯特·维伦恩，悲惨的痛苦，伦敦，1984年；杰·温特，回忆之地，剑桥，1995年。

图书在版编目（CIP）数据

第一次世界大战／［德］弗尔克·贝克汉恩著；
华少庠译．—上海：上海三联书店，2018.10
 ISBN 978-7-5426-6418-1

Ⅰ．①第… Ⅱ．①弗…②华… Ⅲ．①第一次世界大战－历史 Ⅳ．①K143

中国版本图书馆CIP数据核字（2018）第174348号

第一次世界大战

著　　者／［德］弗尔克·贝克汉恩
译　　者／华少庠
责任编辑／程　力
特约编辑／苑浩泰
装帧设计／Metis 灵动视线
监　　制／姚　军
出版发行／上海三联书店
　　　　　　（201199）中国上海市都市路4855号2座10楼
邮购电话／021-22895557
印　　刷／北京旭丰源印刷技术有限公司
版　　次／2018年10月第1版
印　　次／2018年10月第1次印刷
开　　本／787×1092　1/32
字　　数／70千字
印　　张／5

ISBN 978-7-5426-6418-1/K·488
定　价：25.00元

DER ERSTE WELTKRIEG by Volker Berghahn
© Verlag C.H.Beck oHG, München 2014
Simplified Chinese language copyright © 2018
by Phoenix-Power Cultural Development Co., Ltd.
All rights reserved.
本书中文简体版权归北京凤凰壹力文化发展有限公司所有，并授权上海三联书店出版。
未经许可，请勿翻印。

著作权合同登记号　图字：09-2018-626 号